DEĞİŞİM BEDENİ

KENDİNİZİ İYİLEŞTİRMEK, SEVMEK VE GÜÇLENDİRMEK İÇİN BEDENİMİZİ KULLANMAK

DR. LİSA COONEY

DEĞIŞIM BEDENI

DR. LISA COONEY

FOREWORD BY LAURA LANE

"Benim hayatım için geç kalınmış bir hayal olabilir, ama hepimizin büyük hedeflere ihtiyacı var, yoksa ne anlamı var ki? Herkesin sıradan olmayan bir hayat yaşamayı hedeflemesi gerekiyor."

— ANNE MCKEVİTT

Ya da babamın da dediği gibi, ya HEP ya hiç!

PART I
DEĞİŞİM BEDENİ

Bu kitap bedenimiz için. Son nefesimize kadar bize eşlik eden fedakâr varlığımız için. Görmezden geldiğimiz tüm bedenler ve unuttuğumuz tüm bedenler için. Umarım bu sözcükler sayfalardan taşar ve bedeninizle olan muhteşem ortaklığınızı ve unutulan armağanları yeniden hatırlamanızı sağlar.

DR. LİSA COONEY İÇİN ÖVGÜLER

"Dr Lisa'nın olağanüstü bir yeteneği var. Tam bulunduğunuz yerde size duygusal ve enerjik düzeyde bağlanır. İlk görüşmemizden sonra hayatımın bazı bölümleri dağıldı. Bu, yeniden dengelenme ve kendimin gelişmiş bir versiyonuna dönüşme sürecinin bir parçasıydı. Zorluklarla yüzleşmek için gerekli araçları keşfetmemde bana eşlik ediyor. Açıklanabilir ve açıklanamayan şeyler için ona yanımda olduğu için sonsuz minnettarım."

— ZAC BROWN, ZAC BROWN BAND'IN
KURUCUSU VE CEO'SU

"Dr. Lisa Cooney ile rahatlatıcı bir seansın ardından vücudumda derin ve somut bir değişiklik hissettim. Umarım bu kitap, bağlantısız hisseden birçok insanın kendilerine dönüş yolunu bulmasına yardımcı olur."

— GWYNETH PALTROW, GOOP'UN
KURUCUSU VE CEO'SU

"Dr. Lisa duygularıma yaklaşma ve deneyimlerimi bağlamlandırma biçimimi değiştirdi. Hayatıma çok önemli bir geçiş döneminde girdi ve yaptığımız işin evliliğim, ailem ve anneliğim üzerinde önemli olumlu etkileri oldu. Tutkulu bir kişisel gelişim araştırmacısı olarak onda bilim ve maneviyat arasında mükemmel bir sentez buldum. Yaşamlarının hangi aşamasında olursa olsun onu birçok arkadaşıma ve sevdiklerime içtenlikle tavsiye ediyorum."

— CAROLİNE JONES, ÇOK-TÜRLÜ ŞARKICI,

SÖZ YAZARI VE MÜZİSYEN.

ÖNSÖZ

Dr. Lisa Cooney'i ilk olarak bir GOOP bülteninde okuduğumu hatırlıyorum. Gwyneth Paltrow kısa bir süre önce bir arkadaşının tavsiyesi üzerine Dr. Conney ile bir ZOOM seansı gerçekleştirmişti. Şüpheyle yaklaşmıştım, ama bunun internet üzerinden nasıl mümkün olabileceğini merak etmiştim. Bu konuda derin temel inançlarım olduğundan falan değildi, ama yüz yüze görüşmenin sürecin bir parçası olması gerektiğini sezgisel olarak hissediyordum. Gwyneth de aynı görüşteydi ve epey şüphecilikle gitmişti, fakat ne denli dönüştürücü bir deneyim yaşadığını anlatmıştı. Haftalarca onun deneyimi üzerine düşündüm.

Kısa bir süre sonra köpeğime akciğer kanseri teşhisi kondu ve sadece bir ila üç ay ömür biçildi. Benimle sekiz haftalık olduğundan beri birlikteydi ve her zaman onun benim köpek hâlim, hiç sahip olamadığım kızım gibi olduğunun şakasını yapardım. Doktorlar, hastalığının ne kadar ilerlediğini göz önünde bulundurarak kemoterapinin işe yaramayacağını düşündüler, ancak yine de deneyebileceğimizi söylediler. Bir hevesle, kederimi atlatmama yardımcı olması için Dr. Cooney'e de ulaştım. Görüşmemiz sırasında eşimle birlikte köpeğimizin yanına oturmamızı istedi. Bize baktı ve şöyle söyledi, "gitmeye hazır değilsin, değil mi?". Ne dediğini güçlükle hatırlayabildiğim seansa devam ettik; ilahiler söylüyor ve çok hızlı konuşuyordu. Aradan iki yıl geçti ve köpeğim sağlığına kavuştu. Doktorlar kanserinin nasıl yok olduğunu açıklayamıyorlar. Daha önce hiçbir vakada böyle bir şey görmediklerini söylüyorlar.

Kısa bir süre önce annem aşırı derecede hastaydı ve yoğun bakım ünitesinde solunum cihazına bağlıydı. Hızla kötüleştiği için doktorlar bizi yaşam destek için hazırladılar. Annemle bir daha asla konuşamayacağımı düşündüğüm için Dr. Cooney'e bir kez daha ulaştım. Bana hastanede nasıl bulunmam gerektiğine dair talimatlar verdi ve bir kez daha uzaktan şifa sundu. Ertesi gün annemin durumu kötüleşmeyi bıraktı ve iyileşmeye başladı. Önümüzdeki hafta doğum günü için annemi ziyarete gideceğim. Dün gece telefonda konuştuk ve çocuklarım hakkında gülüştük.

Her iki vakada da doktorlar bu mucizevi iyileşmeler karşısında şaşkına döndüler. Mantıksal olarak açıklanamayan şeylere ve tam olarak anlamadığım kavramlara şüpheyle yaklaşırım. Ancak bu muhteşem evrende yaşayan bir insan olarak, hayatta bazı şeylerin açıklanamayacağına, her şeyi anlayamayacağımıza tüm kalbimle inanıyorum. Bunlar tesadüf müydü? Asla bilemeyeceğim. Dr. Cooney'nin yeteneklerini ve nasıl çalıştıklarını asla tam olarak anlayamayacağım, ama gördüklerime ve bunların hayatım üzerindeki derin etkisine hayranlık duyuyorum. Teşekkür ederim.

Laura Lane, yazar ve gazeteci

OLASILIĞA YOLCULUK

"Gerçeği ararken dikkatinizi başka yere vermeyin, çünkü kendi bedeninizden başka hiçbir yerde değildir."

— *ECKHART TOLLE*

Kendimi iyi hissetmiyordum. Bilgisayarın başına geçtim, gözlerimi kapadım ve "Beden, konuş benimle" dedim. Sonra gözlerimi açtığımda yanaklarımdan yaşlar süzülüyordu ve ekranda "Beni öldürüyorsun" yazısıyla karşı karşıyaydım.

O gün her şey değişti. Bu, bedenimle farklı bir ilişkinin başlangıcıydı ve sadece fiziksel olarak bedenimi değiştirmekle kalmadı, aynı zamanda hayatımı da değiştirdi. Hayır, kolay değildi. Kişisel çalışmalar asla kolay değildir. Ama en zor kısmı ilişkilerimi değiştirmekti – *her şeyle olan ilişkimi.*

Her şey beni *neyin* "öldürdüğünü", hangi parçamın neden öldürdüğünü bulmaya karar vermemle başladı. Kullanabildiğim tüm araçları ve teknikleri ve kariyerim boyunca edindiğim diğerlerini kullanmaya başladım. Sonunda, derinden dönüştürücü süreçlere dair bir yeteneğim olduğunu keşfettim ve ROAR metodu® adlı keşif ve değişim araçları geliştirdim. Açılımı **R**adically **O**rgasmically **A**live **R**eality olan ROAR metodu®; Radikal Orgazmik Canlı Gerçeklikte yaşamak, her seferinde bir eylem veya inançla sorun yerine olasılığı seçmektir.

Bu çalışmanın bir sonucu olarak, bugünkü hayatım, yaratabileceğimi ya da yaratabileceğimi düşündüğümden tamamen farklı bir hayat. Fazladan fiziksel ağırlık olarak gizlenen duygusal ağırlık – fazladan elli kilo – ben değişmeyi seçtikçe eridi ve gitti. Birbiri ardına popüler diyetlere odaklanan bir kültürde, sınırlamalardan ve kendinden şüphe etmekten vazgeçmenin, bedeninizi olmak istediğiniz şekle dönüştürmede çok daha etkili olabileceğini keşfettim. Bedenim değiştikçe *ben de* içten dışa değiştim. Uzun süredir devam eden sorunlar çözülmeye ve aydınlanmaya başladı.

Sorunlarınızı beden bilgeliği perspektifinden keşfettiğinizde, bu size yepyeni bir iletişim dünyasının kapılarını açar ve arzu ettiğiniz her şeyi başarmanız için yeni yollar sunar. Bu, tüm bu kitabın temelidir: bedeniniz aracılığıyla kendinizle bağlantı kurmanın en büyük amacınıza ve hayatınıza nasıl hizmet edebileceği.

Bu kitabın amacı, 1) bedeninizle arkadaş olmanın ve onu dinlemenin ve 2) zihninizin onunla iş birliği içinde sorgulama yapmasına izin vererek bedeninizden seçim yapmayı öğrenmenin faydalarını keşfetmenize yardımcı olmaktır. Çünkü "içten dışa" değiştiğinizde, "dışınızdaki" de arzularınızla uyumlu olacak şekilde değişir. Bunu ne kadar çok deneyimlerseniz, bilinç eksikliğinin bedeninizde ve genel olarak hayatınızda nasıl fizyolojik *rahatsızlıklar* ve *uyumsuzluklar* yarattığını o kadar iyi anlarsınız. Bu varoluş hâli, bedeninizin bir organizma olarak gerçek amacının yalnızca sizde değil, başkalarında da enerjik değişimi yönlendirmek olduğu farkındalığını engeller. Bu, kendinize söylediklerinizin dünyaya bir beden olarak gösterdikleriniz olduğu gerçeğinden daha fazlasıdır. Bu elbette doğrudur. Ancak benim buradaki niyetim bedenler hakkında farklı bir şeyden ve onun hem iyileştirici hem de empatik potansiyeli üzerine konuşmak.

Dünyanın dört bir yanındaki danışanlarımla yaptığım çalışmalarda, bedenimde mevcut olmamın insanlar üzerinde derin etkiler yarattığını fark ettim. Çoğumuzun tarif edemeyeceği bir etkiye sahip olabilir. Evde veya okulda, varlığımızı bilgilendirmek için bedenimizi kullanmamızı sağlayan, erişebileceğimiz evrensel bir bilinç olduğu öğretilmiyor. Buna *mevcudiyet* denir – tam bir birlik hâli. Ve bu durumda bedenlerimiz bildiğimizden çok daha fazlasını yapabilir.

BÖLÜM 1: RUHUNUZUN İZİ – EŞSİZ RUHSAL İMZANIZ

Ruh izini ortaya çıkarma yolculuğuna çıkmak, kendimizde ve bir başkasıyla bütünlüğe, sevgiye ve neşeye giden yoldur.

— *PSARİS & LYONS*

Büyükannem koşulsuz sevginin vücut bulmuş hâliydi ve çocukluğumdaki tek kurtarıcımdı. Bir metre iki santim boyunda, Katolik, İtalyan ve tam bir güç sembolüydü. O da büyük zorluklar ve acılar yaşamıştı. On üç çocuğun en küçüğüydü ve sadece ilkokula kadar eğitim görebilmişti. Öz babası son derece şiddet yanlısı bir adamdı ve sonunda annesini öldürmüştü. Ona "Gestapo" diyordu. Ama hikayesine rağmen bana çok şey kattı. Geriye dönüp baktığımda, bana bir insanın başına ne gelirse gelsin, yine de koşulsuz sevginin vücut bulmuş hâli olabileceğini öğretti. Benim en büyük öğretmenimdi.

Çocukluğum boyunca ciddi derecede cinsel, duygusal ve fiziksel istismara maruz kaldığım için, fiziksel temas kurarken kendimi rahat hissettiğim tek kişiydi. Öldüğünde bana bir miras bıraktı. Büyükannem, işleri farklı bir şekilde yapmamı sağladı. Dünyamda ne olursa olsun, mümkün olduğunca nazik ve katkı sağlayıcı olmayı seçtim. Bu nezaketin içinde bir güç ya da sertlik olması gerekebilir ama bana öğrettiklerinden dolayı buna sevgi dahildi. *Kalbinin sesini dinle.* Bu beni bedenimle tanıştırdı.

Ve büyükannemin bana öğrettiği, koşulsuz sevmenin ötesinde bir şey daha vardı; bana ruhumu öğretti.

Onunla birlikte olmayı en sevdiğim yerlerden biri olan kilisede oturuyorduk. Her kelimeyi bilir ve yüksek sesle söylerdi ve o gün onun şöyle dediğini duydum: "Ruhum ve ben iyileşeceğiz."

Donup kalmıştım, kalbim küt küt atıyordu ve o anda işimin ruhla bir ilgisi olacağını biliyordum. Bunu varlığımın her zerresiyle hissettim... çünkü bedenim benimle konuştu ve ben ve bedenim uyandık!

RUHUNUZUN İZİ

Ruhunuzun izi sizin ruhani imzanızdır. Ruhunuzun dış hatları ve içeriğidir – karakteridir.

Bir çek ya da mektup üzerine karalanmış isminizin el yazısından çok daha fazla size ve yalnızca size özeldir.

Bu sizin için genlerinizden ve kromozomlarınızdan bile daha size özgüdür.

— M. GAFNİ

Bir insan olarak, sizi her zaman daha fazla tatmin olmaya çağıran bir ruh izine, İlahi bir ruha sahipsiniz. Bu yoldan ne kadar uzaklaştığınız ya da ne kadar hasta veya kopuk olduğunuzun önemi yoktur. Ruhunuzun izi sizi her zaman geri çağıracaktır ve bunu yapmak için bedeninizi kullanır. Erken yaşta uğradığım istismar, çocukluğumun büyük bir bölümünde kendimi korumak için içime kapanmama ve kendimi kontrol etmeme neden olmuş olsa da her zaman uykuda yatan başka bir yanım vardı. İyileşme yolculuğumun çeşitli noktalarında, sanki sabırla farkındalığımı beklediğini bana hatırlatmak istercesine ortaya çıkıyordu.

Birlikte çalıştığım istismarın üstesinden gelen pek çok kişi, iyileştikleri yerden, her zaman ifade edemedikleri bir yanlarının, bir şekilde başından beri kendi gerçekleri olarak bildikleri başka bir yanlarının farkında olduklarını kabul edebiliyorlar. Bugün hayatımda daha tutarlı bir şekilde buradan yola çıkıyorum. Siz de benzer bir şey deneyimlemiş olabilirsiniz; her şeyi mevcut gerçekliğinizin ötesinde gördüğünüz bilinç veya farkındalık anları.

Bu yönünüz – ruh iziniz – tamamen size özgüdür. Bu sizin kendi imzanızdır. Ve sizin işiniz, *tek* işiniz, onun iz bırakmasına izin vermektir. Bunu, kendinizle ilgili sınırlı düşüncelerinizi genişleterek yaparsınız; bu da dünyadaki ruhsal imzanızı aydınlatmaya yarar. Eğer izin verirseniz, bedeniniz bunu yapmanıza yardımcı olacaktır.

RUH PSİKOLOJİSİ

"Psikoterapide insanın temel, mükemmel örüntüsüyle başlayan hiçbir şey yoktur... Bu örüntü oradadır..."

— *RAYMOND CHARLES BARKER*

Bir profesyonel olarak, geleneksel psikolojinin bireylerin aradıkları ruhsal benliği kazanmalarına yardımcı olacak araçlara sahip olmadığını deneyimledim. Benim için kesinlikle öyle olmadı. İster tek başımıza ister başka bir insanla birlikte, hepimizin aradığı şey bütünlük hissi. Ama bu anlaşılması zor görünen duygu nedir? Bunu pek çok şekilde tanımlayabilirsiniz: enerji, bağlantı, sıcaklık, açıklık, genişleme, canlılık. Ben buna *radikal canlılık* diyorum.

Gerçek doğanızla bağlantınızı kaybettiğinizde ve esnek olmayan roller, davranışlar ve zihniyetler tarafından köleleştirildiğinizde acı çekersiniz. Kendinizi gerçek ve otantik olan yerden uzaklaştırırsınız. Neyse ki, kişisel değişim ve dönüşüm yoluyla, kendinizi yetiştirilme tarzınızın ve erken dönem koşullanmalarınızın dar ve sınırlayıcı yönlerinden kurtarabilirsiniz. Hayatınızdaki her nüans, olay, imge ve olay hayati psikolojik ve ruhsal bilgi kaynağıdır ve bu bilgi bedeninizde depolandığı için sizin için erişilebilirdir. Kendinizi ruhunuzun bu yönüne ayarladığınızda, ruhunuzun evrimi ve radikal bir şekilde canlı yaşamak için ihtiyaç duyduğunuz tam rehberliği sağlayacaktır.

RADİKAL CANLILIKLA YAŞAMAK

Bence gerçekte aradığımız şey canlı olma deneyimidir, böylece tamamen fiziksel düzlemdeki yaşam deneyimlerimiz en içteki varlığımızda ve gerçekliğimizde rezonansa sahip olur, böylece canlı olmanın coşkusunu gerçekten hissedebiliriz.

— JOSEPH CAMPBELL

Hepimizin içinde radikal canlılıkla yaşama fırsatı vardır. Yıllar boyunca, insanların tam da bunu yapmalarına yardımcı olacak araçlar ve teknikler kullandım ve geliştirdim. Ben buna ROAR®'ınızı yaşamak diyorum – Radikal, Orgazmik Canlı Gerçekliğiniz (Radically, Orgasmically Alive Reality). Ancak oraya ulaşmak için muhtemelen birkaç kilo vermeniz gerekecek. Durumunuz bana benziyorsa, bu tam anlamıyla bedeninizden kilo vermek anlamına gelebilir, ama ben açıkça zihinsel ve duygusal yükü atmaktan bahsediyorum. Her iki durumda da bu, bedeninizin doğuştan gelen bilgeliği aracılığıyla ruhunuzla yeniden bağlantı kurmak anlamına gelir.

Bunu nasıl mı yapabilirsiniz? İçinizdeki iyileştirici güce dokunarak başlarsınız. Yaşamın ilahi müziğinin sizin aracılığınızla çalınabilmesi için egonun geri planda kalması gerekir. Dünyaya geldiğiniz andan beri biriktirdiğiniz tüm o sabit fikirler ve inançlar gitmeli ki enerjiniz daha yüce bir bilinçle hizalansın.

Bu kulağa imkânsız bir hedef gibi mi geliyor? Çünkü bu aslında bir hedef değil. Bu, çalışmalarımda bulduğum basit bir kavrama dayanan bir *süreç*: kendinizi içten dışa sevmek ve farklı bir şey olmayı arzuladığınız için kendinize iyi bir arkadaş olmak. Egonuzun ve hayatta kalma benliğinizin bilinçaltında başa çıkma stratejilerinizi içsel olarak harekete geçirmesinin altında saklı olan gerçek sizle arkadaş olmak.

İŞİN SIRRI BEDENİNİZİN ZEKÂSINDA

Gördüğünüz gibi, içimizde, düşüncelerimiz, inançlarımız, kalıplarımız ve duygularımız

düzeyinde hâla aynı olduğumuz sürece, daha derin anlamda dönüşümü başarmış sayılmayız.

Sağlıklı olmak ve bu şekilde kalmak için, evet, alıştırma yapmalı ve doğru beslenmeliyiz. Ancak

genellikle 'bedenin ötesinde' kendimiz üzerinde de çalışmamız gerekir – bedenimiz ve yaşamımız hakkındaki sınırlayıcı inançlarımızı incelemeliyiz. Zihniyetimizi

değiştirmeli ve duygusal darbeleri ve çürükleri iyileştirmeliyiz...

BILL PHILIPS

O gün büyükannesiyle konuşurken bedeni onunla konuşan küçük çocuk gibi, bedeniniz de sizinle konuşacaktır. Size nasıl iyileşeceğiniz, nasıl seveceğiniz, nasıl yaşayacağınız, nasıl *olacağınız* hakkında şu anda hayal bile edemeyeceğiniz şeyler söyleyecektir çünkü bedeniniz evrenin zekâsına sıkı sıkıya bağlıdır. Asıl soru şu: Hayatlarımız nasıl bu kadar rayından çıktı, karmaşıklaştı ve zorlaştı? Daha da önemlisi, bedeninizin size sunduğu çözümleri, sevgiyi ve desteği duyabilmek ve bunları değiştirmek için ne yapabilirsiniz?

Bu soruların yanıtlarını bulmak ve bu bilgileri kullanmak, para ve işle, sağlık ve esenlikle, sevdiklerinizle ve sevmediklerinizle ve en önemlisi kendinizle ve dünyayla olan her ilişkinizi tam anlamıyla dönüştürerek yaşamınız üzerinde derin bir etki yaratacaktır. Karşılaştığınız zorluklar ve sorunlar ne olursa olsun, size söz veriyorum ki bunlarla yüzleşmenize değecek. Hatta belki tıpkı benim gibi, "dağınıklığınızın size bir mesaj olduğunu" ve amacınızın bütünlük yolculuğunuzla karmaşık bir şekilde bağlantılı olduğunu keşfedebilirsiniz.

Kendinize şu soruları sorun:

Bu "hâlinizden" çıkarabileceğiniz ders nedir?

Bedenim, şu anda bunu değiştirmek için ne yapmam gerektiğini göster.

Şu anda atabileceğim en mantıklı adım ne?

Sonrasında şu cümleyi kullanarak alıştırma yapın: "Nasıl olacağını bilmiyorum... Sadece olacağını biliyorum. Teşekkür ederim. İşte bu kadar!"

Örneğin...

1. Vücuduma ne soracağımı ve onu nasıl dinleyeceğimi bilmiyorum.
2. Sadece olacağını biliyorum.
3. Teşekkür ederim. İşte bu kadar!

BÖLÜM 2: SİZİ TUTAN NEDİR?

Bedeninizin hikâyesi nedir?
Ne zaman yarattınız?
Bu hikâyeden memnun musunuz?
Bir son ve yeni bir başlangıç mı gerektiriyor?
Yoksa yeni bir kitap bölümü mü?
Yoksa tamamen yeni bir kitap veya görünüş mü?

Sizi sevdiğiniz bir hayat yaratmaktan alıkoyan nedir? Sizi tutan nedir? Tek kelimeyle: sizsiniz. Farkında olsanız da olmasanız da gerçek yeteneklerinizi, armağanlarınızı, ihtiyaçlarınızı ve arzularınızı engelleyen sizsiniz. İnsanlarla çalışırken, sizi engelleyen şeyin genellikle bir tür ret olduğunu keşfettim:

1. Sırf yapabildiğiniz için sizin yerinize seçim yapmayı reddetmek.

2. Kendini sevmeyi reddetmek.

3. Tüm iyiliği hak ettiğinizi kabul etmeyi reddetmek – bir kısmını değil, birazını değil, tüm iyiliği.

4. İstediğinizi seçebileceğinizi ve hiçbir şey için, para için bile beklemeniz gerekmediğini kabul etmeyi reddetmek.

5. Ne istediğinizi seçmeyi ve bunun peşinden gitmeyi ve aktif olarak bunu yaratmayı reddetmek.

Herkes daima sihirli bir hap arayışında: *Bunu yaparsam. Bunu başarırsam... o zaman yapabilirim.* Ama aslında işler böyle yürümüyor. Daha çok şöyle oluyor: *Bunu istiyorum. Bunu arzuluyorum. Bu beni mutlu edecek. Bunu nasıl yaratabilirim?*

Sizi mutlu edecek şeyleri yaratmanızı ve kabul etmenizi engelleyen nedir? Ve gerçekten istediğiniz bir şeyi neden reddedesiniz ki? Bu konuda bilinçli olsaydınız, elbette reddetmezsiniz. Ama bilinçsizken? Öyle bir reddedersiniz ki.

Günlük Alıştırması

1. İstediğiniz 10 şey yazın

2. Arzuladığınız 10 şey yazın

3. Sizi mutlu edecek 10 şey yazın
4. Yukarıdakilere ulaşmak için yapabileceğiniz 10 şey yazın

YETENEKLERİNİZİN VE YARATICILIĞINIZIN ÖNÜNDEKİ DİKKAT DAĞITICILAR, ENGELLER VE SAPTIRICILAR

Bizi arzuladığımız şey olmaktan, o şeyi yapmaktan ve o şeye sahip olmaktan alıkoyan tek şey bilinçdışı inançlarımızdır – çoğunlukla çocuklukta ebeveynler, sülale veya genel olarak kültür yoluyla ya da sadece etrafımızdaki dünyayla etkileşimler ve deneyimler yoluyla oluşan ve şu anda otomatik pilotta çalışan temel veya çekirdek inançlar. O zamanlar bizim için anlamlıydı. Bize dünyanın nasıl işlediğini anlatıyorlardı. Bizi güvende tuttular. Bu dünyada kim olduğumuzu – ya da kim olmadığımızı – bize söylediler. Kendimizi içinde bulduğumuz ortamda işlev görmemizi ya da başa çıkmamızı sağlayan oyunun kurallarıydı. Ancak bugün, bilinçaltımızın gölgesinde yaşıyorlar, varlığımızın ve hayatımızın her yönüne etki ediyorlar ve ürettikleri sonuçlar dışında bize görünmezler.

Ofisime veya atölye çalışmalarıma gelen insanlar genellikle hayatlarının neden hayal ettikleri gibi gitmediği konusunda en iyi ihtimalle hayrete düşüyor. Neden neşeli ilişkiler, ilgi çekici ve üretken kariyerler ya da finansal bolluk yaratamıyorlar? Neden mutlu olamıyorlar? Çünkü bilinçdışı inançları, her ne kadar modası geçmiş ve eskimiş olsalar da arka planda gösteriyi yönetiyor. Ne yazık ki, artık işe yaramadıkları için ortadan kaybolmuyorlar.

Bir şeyleri değiştirmek için mücadele etmemizin nedeni budur, çünkü bu gizli inançlara, yalnızca davranışlarımız, duygularımız ve eylemlerimiz yoluyla ya da hayatlarımızda ortaya çıkan durumlar veya koşullar yoluyla gözlemlenebilen inançlara toslarız. İnsanlar acı çekerler, yaratmazlar ve gerçekten ihtiyaç duymadıkları şeylere saplanıp kalırlar. Bu inançlar, bazen içinde yaşadığınızı bile bilmediğiniz sınırlamalarınızı meydana getirir. Tıpkı bir bataklık gibi, sizi aşağı çeker ve orada tutarlar.

İnsanların mücadele ettiği temel inançların çoğunun doğası gereği evrensel olduğunu ve tek bir şeye işaret ettiğini fark ettim: kendinden bir yere kadar nefret etmeye.

ÖZ NEFRET

Tek günah öz nefrettir.

— *PAUL WİLLİAMS*, DAS ENERGİ

Kendinden nefret etmenin birçok yüzü vardır: *Ben kötüyüm. Hatalıyım. Sevilmiyorum. Önemli değilim. Olmasam da olurdu.* Bu sayısız şekilde ortaya çıkar ve öz sabotaj işlevi görür. Elbette biz bunun öz sabotaj olduğunu bilmeyiz. Her zaman başka bir şey gibi görünür:

1. Erteleme
2. Kendinizi başkalarıyla karşılaştırma
3. Öfke
4. Mağduriyet
5. Başkasına Yansıtma/Suçlama
6. Şikâyet/Eleştiri
7. Bahaneler
8. Korku
9. Endişe/Kaygı

Öz nefret, benim "üç büyükler" olarak adlandırdığım şeyleri etkiler: sağlık, mali durum ve ilişkiler. Bunlar çoğu insanın zaman zaman yardıma ihtiyaç duyduğu alanlar ve çoğu danışanın terapiye gelmesinin ilk üç nedenidir. Danışanlar terapiye geldiklerinde sorunları genellikle tüm hızıyla devam eder: sağlık sorunları, stres ve kaygıyı artıran yüklü borçlar, toksik ilişkiler. Bunların hepsi kendilerini cezalandırma biçimleridir.

Ne yazık ki insanlar, yukarıda sıraladıklarım gibi bilinçdışı inançların daha erken sinyalleri olduğunu, kısmen çok yaygın ve "kabul edilmiş" oldukları için, genellikle fark etmezler.

YARGI

Kendimize ya da başka bir şeye yönelik nefretin temelinde "yargı" yatar – neyin kötü (ve dolayısıyla iyi) olduğuna dair bir karar yatar. Herhangi bir şeyi yargıladığınızda, özünde sabit bir bakış açısıyla hareket etmiş olursunuz... ve her sabit bakış açısı size sahip olur. Bakış açınızı daraltır ve bakış açınızı kaybederseniz, gücünüzü de kaybedersiniz. Gerçekte davranmak istediğinizden farklı davranırsınız ve sonra bu konuda kendinizi kötü hissedersiniz, bu da yalnızca daha fazla yargılamaya yol açar.

Yargılamanın doğasına yakından bakarsanız, bunun geçmişin ve o geçmişteki insanların bir karışımı olduğunu görebilirsiniz. Sahip olduğunuz yargılama düşüncelerinin çoğunun aslında sizden kaynaklanmadığını bilmek sizi özgür kılabilir. Bunlar çok eski zamanlardan beri aktarılmış ve aktarılmaya devam etmektedir. Bu anlamda, size ait değillerdir. Yine de yargının sizi beslemesine ve kafesteki bir hayvan gibi sizi bu sınırlı gerçeklikte kilitli tutmasına ne kadar izin verirseniz, istismarı ve yargı hastalığını bedeninizde, zihninizde ve bu dünyada o kadar çok tutarsınız.

İnsanlar size bir şeyler söylediğinde, farkında olsanız da olmasanız da kendinizle ilgili bilinçdışı inançlar oluşturursunuz. Ve sonra ne zaman bir şey benzer görünse, koksa ya da tadılsa, o bilinçdışı inanç içinizde, "kafesinizin" içinde ayağa kalkar ve "Evet, işte bu!" der. Kafes iyice güçlenir. Ve böylece tüm yaşamınız boyunca doğuştan güzel olan enerjinizle bağlantı kurmaya karşı savunma yaparsınız. Sizde bir sorun olduğunu düşünürsünüz. Her şey bir anda, bilinçli farkındalığınızın ötesinde gerçekleşir ve bildiğiniz tek şey, ruhsal enerji şifa çalışması yaptığınızda, bilinçdışı inançlarınız nedeniyle bildiğiniz kadar bağlantı kuramadığınızdır.

Yargılamanın ötesine geçmek, kendinizi ve başkalarını yargılamayı da içerir – çünkü başkalarını yargıladığınız her şey, sadece kendi içinizde yargıladığınız şeyin bir yansımasıdır.

KAFES

Philosophie *Almanca sözlüğünde,* eigentlich *kelimesini yer almaktadır*

(gerçek, hakiki) *ve* uneigentlich, *amaçladığınız asıl hayatın tam tersidir.*

Uneigentliches Leben (özgün olmayan bir hayat) süren birçok insan vardır.

Kendimize inşa ettiğimiz kafeslerden çıkmak en zorudur.

— NİNA GEORGE

Kafes, insanları sınırlı gerçekliklerinin içine hapseden görünmez yapıyı ve kendi kendini hapsetmeyi tanımlamak için kullanışlı bir metafordur. Güçlü bir şifacıyla çalıştığımı hatırlıyorum, bana şöyle demişti: "Aman Tanrım, bedeninin iç yapısı – sanki kalçalarının etrafında çelik var ve kemiklerin dökme demirle dolu." Bu, kafes: kendiniz ve yaşam hakkında zamanla sertleşip katılaşan içselleştirilmiş fikirler ve inançlar, sizi sabit bakış açınızın sınırları içinde tutan görünmez parmaklıklar. Kafes sizi, "Bu böyledir." şeklinde deneyimlenen belirli gerçekliklere bağlar. Hayatınızı sonsuz yaratım ve olasılıklar olarak deneyimlemek yerine, ki bu sizin gerçek doğanız ve ruhsal imzanızdır.

DÖRT D: İNKÂR ETMEK (DENYİNG), SAVUNMAK (DEFENDİNG), BAĞLANTIYI KESMEK (DİSCONNECTİNG), KOPMAK (DİSSOCİATİNG)

Bu dördü, çoğu insanın kendi gerçekliklerini müzakere etmek için kullandıkları, ama aslında kafesi güçlendiren ve her şeyi kilit altına alan başa çıkma stratejileridir. Şimdi bunları tek tek ele alalım.

İnkâr Etmek: Bir şeyin varlığını kabul etmeyi reddetmek.

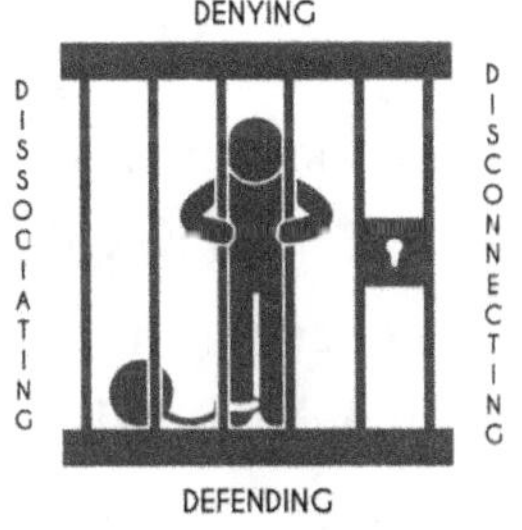

İnkâr etmek her zaman kötü bir şey değildir. Atölye çalışmalarımda insanlara söylediğim gibi, sorun değil. Gülebiliriz. Gülmek bu son derece kişisel çalışmada değerli bir kaynaktır çünkü zor şeylerden bahsediyoruz. Kabul edelim ki, bir travma yaşadığınızda ya da istismara uğradığınızda, belli bir düzeyde inkâr, bu travmayı atlatmayı kolaylaştırır. Ancak, ifade edilmeyen inkâr sizi doğrudan bilinçdışı inançlarınıza götürecektir. İnsanlar bu şekilde yetişkin olduklarında şu durumlardan herhangi birini ya da hepsini yaşamaktadır: mutsuz evlilikler, yüklü borçlar, başarısız işler, hastalıklı bedenler, travmalarıyla başa çıkmak istemedikleri için kabuslar ve daha fazlası. İfade edilmeyen inkâr genellikle kafesin ilk girişidir.

Birinin sizden ayrıldığını düşünün. Bunu kalbinizde ya da bedeninizin bir yerinde hissediyorsunuz ve hemen kendinize "Tamam, güçlü olmalıyım" diyorsunuz. Bu inkârdır. Frene basarsınız.

Ama iş burada bitmiyor. Bunu tekrar tekrar yapıyorsunuz ve benim "beden zırhlaması" olarak adlandırdığım katmanları oluşturuyorsunuz. ROAR® atölyelerimde yaptığımız her şey bu beden zırhlanmasını serbest bırakmak için tasarlanmıştır. Bir araba kullandığınızı ve yola bir geyik çıktığı için aniden frene bastığınızı düşünün. Farkında olmadan nefesinizi tutuyorsunuz. Geyik kaçıyor ve siz de *"Tamam... geyiğe bir şey olmadı" diye* düşünüyorsunuz. Ama nefes almayı unuttuğunuzu hatırlamıyorsunuz. Ve o an, bitmiş olsa bile sizinle kalıyor.

Aynı şey, çok güçlü olduğunuz ve hareket etmeye devam etmeniz gerektiği için dikkat etmediğiniz inanç sistemleriniz için de geçerlidir. Bu beden zırhıdır. Bazen birinden nefes almasını istediğimde başı dönüyor. Zor geliyor. Hatta boğulmaya bile başlayabilirler. Çoğumuz karnımızdan nefes almak istemeyiz çünkü duygularımız oradadır – ya da göğsümüzden çünkü kalp kırıklığımız oradadır. Bu, hayatta ilerlemenin bir yolu hâline gelir.

Dört D'den herhangi birinin iki ucu keskindir. İnkâr etme durumunda, armağanlarınızın, yeteneklerinizin, becerilerinizin ve kapasitelerinizin yüceliğini de inkâr etmiş olursunuz, çünkü olan bir şeyi inkâr ederseniz, kendinizle ilgili bir şeyi de inkâr etmiş olmaz mısınız? Sınır nerede? Kafesi geliştirmeye bu şekilde başlarız. Farkındalık yaratmak ve değişim sürecini başlatmak için kendinize birkaç soru sormak kadar basit olabilir:

1. *Neyi inkâr ediyorum?*
2. *Nasıl inkâr ediyorum?*
3. *Neyi inkâr etmek hoşuma gidiyor?*
4. *İNKÂR – Yalan Söylediğimi Bile Bilmiyorum*
5. *Bu inkârdan ne gibi olumlu öğretiler öğreniyorum?*
6. *İnkâr ettiğinizi bildiğiniz on şey yazın*
7. *Bildiğinizi bildiğiniz hâlde bilmek istemediğiniz on şey yazın*

Bu savunmaları sorgulamaya başladığınızda kendinizi rahatsız hissedeceğinizi unutmayın. Sanki daha önce hiç adlandırılmamış bir şeyin adını koyuyormuşsunuz gibi. Bu normaldir. Sürece güvenin.

Savunmak: Direnmek.

Savunmak, kendinizi zarar veya tehlikeden korumanın bir yoludur. Bu doğuştan gelen bir mekanizmadır.

Tıpkı inkâr etmek gibi kötü bir şey olmak zorunda değildir. Birinin size kızdığını düşünün. İlk tepkiniz savunmaya geçmek olur, değil mi? Ancak her şey başkalarının suçu olduğunda ya da kendinizi her şeyi savunurken bulduğunuzda ya da her zaman köşeden çıkıp sizi öldüren birinden kendinizi korumak zorunda kaldığınızda – işte o zaman bu daha büyük bir sorun hâline gelir. Her zaman tetikte yaşıyorsunuz, her zaman bir şeylerle savaşıyorsunuz. Bakış açınızı, kendinizle ilgili yargılarınızı, verdiğiniz bir kararı ya da hayatınızdaki birini savunuyor olabilirsiniz. Ya da ebeveyniniz veya çocuğunuz gibi hayatınızdaki birini. Zihinsel, duygusal, ruhsal veya fiziksel olarak birine veya bir şeye karşı sürekli duvarlar veya bariyerler örüyorsunuz. Ne zaman bir şey sizi incitiyormuş gibi görünse, koksa ya da tadına baksanız – örneğin, erkek arkadaşınız sizden on bir yaşında ayrıldığı için ve hâlâ bununla uğraşıyor ve bunu her ayrılıkta yanınızda taşıyorsunuz – ilk acıyı ve ondan sonraki diğer tüm acıları hissetmeye karşı kendinizi savunuyorsunuz.

Diğer taraftan, bu şekilde kendinizi savunurken aynı zamanda iyi şeylere karşı da savunma yapıyorsunuz. Sadece bunun farkında değilsiniz. Bu stratejilerde "Bu iyi... Bu kötü." diye ayıran bir çizgi yoktur. İyiyi bırakma. Kötüden uzak dur." Hepsi birbiriyle iç içedir ve siz de bunu üzerinizde taşırsınız. İşte kendinize sormanız gereken bazı sorular:

1. *Neyi savunuyorum?*
2. *Kimi savunuyorum?*
3. *Bir şeyin lehinde veya aleyhinde nasıl savunuyorum?*
4. *Savunmamın değeri nedir?*
5. *Savunmanın nesini seviyorum? Kavgaları mı? Anlaşmazlıkları mı? Adrenalini mi?*
6. *Savunurken kendime ne öğretiyorum?*

Herhangi bir şeyi inkâr ettiğinizde veya savunduğunuzda, bakış açınızı kaybedersiniz. Gücünüzü başkasına verirsiniz. Kendinizi sürekli güçsüz hissediyorsanız, bunun dışsal durumla ilgili olduğunu düşünseniz bile, muhtemelen bu yüzdendir. Ama öyle değildir. Dış gerçeklik sadece kafesinize vuran ve "Bunu değiştirmeye hazır mısın?" diye soran şeydir. Gücüne sahip çıkacak mısın? Yoksa acı çekmeyi mi tercih edersin?"

Bağlantıyı Kesmek: Uzaklaşmak veya çekilmek.

Hoşunuza gitmeyen bir şey olduğunda, onunla bağlantınızı kesersiniz. Olayları farkındalığınızın dışına iter ya da güvenli veya rahat hissetmenin bir yolu olarak o olayla bağlantınızı kesersiniz. Bir şekilde ondan ayrılırsınız. Bedeninizdeki acılardan veya hislerden, diğer insanlardan, anılardan veya istismarın nedeni olarak atadığınız herhangi bir şeyden veya herhangi birinden – kendi varlığınız da dahil olmak üzere – bağlantınızı kesiyor olabilirsiniz. Hayallerinizden, hedeflerinizden veya arzularınızdan kopuyor olabilirsiniz.

Kopmak, savunmaya veya inkâr etmenin aksine "Bununla uğraşmak istemiyorum" der. Savunmada, birine veya bir şeye tepki gösterirsiniz. Savaşıyorsunuzdur. İnkâr etmede ise "Hayır, böyle bir şey olmadı" dersiniz.

Sorulması gereken sorular:

1. Koptuğumda, kendime ne öğretiyorum?
2. Neyi gerçek olarak kabul etmekten kaçınıyorum?
3. Gerçekte kim olduklarıyla yüzleşmek yerine, kimleri gerçekte olduklarından başka biri olarak görüyorum?
4. Yüzleşmek yerine neyi ertelemeye ve bir kenara itmeye devam ediyorum?
5. Buna yönelsem ne olurdu?

Kopmak: O anda yaşadıklarınızdan uzaklaşmak veya ayrışmak.

[Not: Dört D'den en ekstrem olanı olsa da burada çoklu kişilik bozukluğu, dissosiyatif kimlik bozukluğu veya borderline kişilik bozukluğundan bahsetmiyorum].

Eğer bu noktaya geldiyseniz, inkâr ve savunmayı gereğinden fazla kullanmışsınız demektir. Diğer stratejiler gibi bu da kötü bir şey değildir. Bugüne kadar bu şekilde hayatta kaldınız. Kopmak, bir parçanızı geçmişte iyileşmeden bıraktığınız anlamına gelir. Bir parçanız hâlâ oradadır ve bu da sizi içinde bulunduğunuz andan ziyade geçmişe bağlı tutar. Bu, bir şeyin yoğunluğundan veya ciddiyetinden kaçma girişimi olarak kullanılan bir stratejidir. Bedeninizden ya da yoğun sevinç, keder, üzüntü ya da öfkeden ayrışabilirsiniz.

1. Kendimi ne zaman hayatımda ayakları yere basan biri olmak yerine bir seyirci gibi hissettiğim bir fantezi dünyasına kayıyor gibi hissediyorum?

2. Hangi davranışlar ayrıştığımın bir kanıtı? Saatlerce anlamsız bir televizyonun içinde kaybolmak mı? Alkol veya diğer maddelerle uyuşmak mı?

3. Bir grup insan neşe, mutluluk, kahkaha ve hatta hüzün yaşamakla meşgulken ve ben onları bir film setinde gözlemliyormuşum gibi

hissederken kendimi bir yabancı gibi mi hissediyorum?

4. Koparak/ayrışarak nelerden vazgeçtiniz?

SORULMASI GEREKEN SORULAR:

Önümüzdeki on bir gün boyunca, her gün bağlantınızı kesmeye başladığınız, devam ettiğiniz veya kestiğiniz bir zamanı not edin ve fark edin.

Bu eylem veya davranış size ne öğretiyor?

Hangi erdemi teşvik ediyorsunuz? (güvenlik, dayanıklılık, bağışlama, kabullenme, nezaket, şefkat veya cesaret?)

Genelde insanlar farkında olmadan bu dört mekanizma arasında dönüp dururlar ve her şeye inkârla başlarlar: "Vay canına, bu iyi hissettiriyor." Derler. Bir de bakmışsınız ki savunmaya ve kavgaya geçmişler, bir arkadaş ya da partnerle tartışma şöyle bir tartışma yaşarlar:

"Hayır, sorun sende."

"Sana şu kadarını söyleyeyim..."

"Bunu ne zaman yapsan..."

Bu tür diyaloglar tanıdık geliyor mu? Müşterilerime sık sık ortaya ne koyduklarına dikkat etmelerini söylüyorum. Çünkü bir kez inkâr etmeye başladığınızda, farkına bile varmadan savunmaya geçiyorsunuz ve oradan da ya doğrudan kopmaya gidiyorsunuz ya da bağlantıyı kesmek için bir kavşaktan geçiyorsunuz, ama her seferinde kopmayla sonuçlanıyor. Ve sonra her şey yeniden başlıyor. İnkâr etmeye geri dönüyorsunuz çünkü daha güvenli hissettiriyor.

Bu başa çıkma stratejilerinin hayatınızdaki rolünü ve onları besleyen bilinçdışı inançlarınızı incelerken, sınırlarınızın nerede olduğunu, neler yapabileceğinizi ve neyin sağlıklı olduğunu öğrenirsiniz. Hastalık, gaslighting, mutsuzluk, anksiyete ve depresyon yaratan şeyin bu dört D – inkâr etmek (denying), savunmak (defending), bağlantıyı kesmek (disconnecting) ve kopmak (dissociating) – yoluyla kendinizi terk etmek olduğunu keşfedersiniz. Ve kendinizi kafese kapatmanın tüm amacı var olmamaktır. Evet, var olmamak! Bu ışığa ihtiyacınız var.

ALIŞTIRMA

1. Bir kâğıt parçasını ikiye katlayın ve kâğıdın bir yüzüne dört D'yi yazın. Gözlerinizi kapatın ve kâğıdın diğer yüzüne hayatınızda dört D'nin her birini sergilediğiniz durumları düşünün.
2. Kaçındığınız insanların, yerlerin ve hatta şeylerin bir listesini çıkarın.

3. İnsanlar için, kendinizi onlardan neden uzak tuttuğunuzu düşünün. Başkaları onları sizden çok mu farklı görüyor? Başkaları size veya başkalarına nasıl davrandıkları konusunda endişelerini dile getirdiğinde kendinizi onların davranışlarını "açıklarken" buluyor musunuz?

4. Yerler için, her bir yeri listeleyin ve o yerdeki geçmiş deneyimlerinizle ilgili ayrıntıları anlatın. O yerde ne oldu? O yer size hangi duyguları hissettiriyor? Neden oraya gitmekten kaçınıyorsunuz?

5. Eşyalar için, kaldırdığınız veya sakladığınız şeylerin bir listesini yapın. Bu evdeki bir eşya, bir mücevher veya bir fotoğraf olabilir. Bu şeyle ilgili ilk anınız nedir? Bu şeyle ilk karşılaştığınızda ne oldu? Bu şeyden kurtulmaktan korkuyor musunuz? Neden korkuyorsunuz?

6. Önümüzdeki hafta boyunca, dört D'yi ne zaman kullandığınızın farkında olun. Yanınızda bir not defteri bulundurun ve her bunları kullandığınız durumu not edin. Neredesiniz? Kiminlesiniz? Ne yapıyorsunuz? Ne hissediyorsunuz?

Bu alıştırmayı yaptığınızda, bedeninizle diyaloğa girmeye başlayacak ve zihninizi, bedeninizi, ruhunuzu ve benliğinizi uyumlu hâle getirme yolunda adım adım ilerleyeceksiniz.

BÖLÜM 3: BUNDAN SİZİN ÇIKARINIZ NEDİR?

— *RİCHARD BACH*

Kafes, yargılar, dört D– bunların hepsi sizi dış dünyadan uyuşturmak için (bilinçsizce de olsa) tasarlanmış başa çıkma mekanizmalarıdır. Ancak uyuşmak seçici değildir. Aynı zamanda sizi *kendinizin* ve dünyada bir armağan olarak gerçekte kim olduğunuzu deneyimlemenizi engeller.

Özünde, sizi uyuşturan *korkudur:* görülme korkusu, ortada bırakılma korkusu, sevdiğiniz fikri hayata geçirme korkusu. Korkunuz sizi, kendinizi her zaman akıntıya karşı kürek çekerken bulduğunuz yerde hareket etmeye iter ve tüm bunlar sahte benliğin yalanlarına inandığınız içindir. Gerçekte sahip olmak istediğiniz gerçekliği yaratmayı bu kadar zorlaştıran şey budur – çünkü bunu yapmak için korkunuzu, kendi sınırlarınızı ortadan kaldırmanız gerekir. Ve statükoda kalmanın faydaları vardır. Bugüne kadarki tüm yaşamınız bu sınırlamalar üzerine kuruluydu. Kendinizi tanımanızın tek yolu, sağlığınızı, bedeninizi, paranızı ve finansal hayatınızı, işinizi ve ilişkilerinizi (ya da bunların eksikliğini) inşa etmek için kullandığınız çerçeve budur.

Bunun nedeni kabul edilmemiş ve çözülmemiş geçmiş senaryolarınızdır; bu senaryolarda kendiniz hakkında doğru bile olmayan bir şey olduğunuza karar verdiniz, ancak bunu kendiniz hakkında doğru hâle getirdiniz ve sonra bu siz oldunuz. Hayatınızı bu şekilde yönlendirirsiniz. İlişkilerinizi bu şekilde çekersiniz. Paranızı bu şekilde çekersiniz. İşinizi bu şekilde çekersiniz. Bedeninizi bu şekilde çekersiniz. Ve yaşamınızda "olmayan" şeyleri de bu varoluş alanından çekersiniz. Charles Schultz'un *Peanuts* çizgi filmindeki PigPen'i hatırlıyor musunuz? Etrafında her zaman küçük bir toz bulutu dönen pis kokulu biriydi. Bu inanç sistemlerinin enerjisi de aynı öyledir ve istemediğinizi söylediğiniz şeyleri kendinize çekerken her zaman etrafınızda dönüp dururlar. Enerji alanınız size çok şey söylüyor ve siz bunların ne kadar farkındasınız?R

BİLİNÇSİZ FAYDALAR

Çoğu insan için, tüm bunlardan olumlu bir şey çıkarabilecekleri düşüncesi – ne kadar çarpıtılmış olursa olsun – genellikle çok korkutucudur. Bu da inkârın bir parçasıdır. Ancak sınırlarınıza tutunmanın size sağlayabileceği potansiyel faydalardan bazılarını ele alalım. Bunlar tanıdık geliyor mu?

1. Güç
2. Güvenlik
3. Emniyet
4. Kontrol
5. Yalnızlık (*Yalnız bırakılmak) veya birine kendini dinlemesi için fırsat tanımak
6. Barış
7. Rahatlama
8. Özgürlük
9. Dikkat
10. Sevgi
11. İntikam
12. Alan
13. Nefes almak veya nefese sahip olmak
14. Becerikli olmak

Bilinçsiz inançlarınızı ve sınırlamalarınızı bıraktığınızda, arzularınızla enerjisel olarak daha uyumlu hâle gelir ve doğru eylemleri gerçekleştirmeye başlarsınız. Olasılıklara kapı açarsınız. Ancak çoğu insan bu olasılığa değer olduğunu düşünmez, bu yüzden kafesi kırmaya bile çalışmaz. İşte kelimelerden oluşan balyozunuz - Zincirlerinizi Kırın - pişman olmayacaksınız!

Neden KORKU (Gerçekmiş Gibi Görünen Sahte Kanıt)
yaratmak isteyesiniz ki?
Bunun tek bir nedeni vardır: kendinizi olasılıklar
dünyasında sınırlamak; çünkü bir düzeyde bu olasılıklar
bilinmiyor ve belirsiz. Dolayısıyla, bunlarla ve/veya
bunların sonuçlarıyla yüzleşmek yerine, kendinizi
sınırlar ve yerinizde sayarsınız.

İnsanlara "Neden korkuyorsun?" diye sorduğumda genelde "Param yok", "Ailemi terk edeceğim ve artık beni sevmeyecekler", "Nasıl yapacağımı bilmiyorum, bu yüzden bakmamayı tercih ediyorum" gibi yanıtlar veriyorlar. Bazen de "çok zor" olduğunu söylerler. Ya da belki bir hastalıkları ya da rahatsızlıkları vardır. Çok fazla sebep vardır ve herkesin bir sebebi vardır. "Çirkinim. Utanıyorum. Doğmam hataydı." Bunlar hayatlarını yaratmaya devam etmemelerinin "nedenleri". Ve aslında bahane olmalarına rağmen, çoğu zaman insanlar farklı bir gerçeklik, aslında sahip olmak istedikleri gerçekliği yaratmak yerine bunların doğru olduğuna inanmayı seçerler. Bu durum sizi tarif ediyorsa, kendinize şu soruları sormayı deneyin:

Sebebi – ya da "gerçek olmayanı" – gerçeği yaratmaktansa yalana inanmayı tercih edecek kadar önemli kılan nedir?

Hangi işleve hizmet ediyor ve kime hizmet ediyor (genellikle sadece size değildir)?

Devam etmenin size ne gibi bir faydası ya da getirisi olacak?

Ne öğreniyorsunuz?

Bu sizi nasıl motive ediyor?

Size ne gibi iyi şeyler öğretiyor?

Bugün bu örüntüye uydunuz mu?

Bunu değiştirmek için ne yapacaksınız?

Buradaki kilit nokta sormak ve ardından bedeninize dikkat etmektir, çünkü gerçek cevaplar kafanızdan değil bedeninizden gelir. Cevabı hem duyar *hem de* hissedersiniz, buna genellikle bir salıverme duygusu eşlik eder. Bilinçdışı bir inancı her bıraktığınızda, varlığınızla ve eşsiz ruhani imzanızla daha uyumlu hâle gelirsiniz. Değişime teslim olun ve bedeninizin sizi yalnız bırakmadığını görün.

İçeri girmenin yolu kafes parmaklıklarını sallamaya başlamaktır. Bırakın gözyaşları aksın. Duygu, hareket hâlindeki enerjidir. Kafes, bedeninizde tuttuğunuz ve salıvermediğiniz şeyleri temsil eder. Daha önce sizin için görünmez olan şeyin ağırlığının ve yoğunluğunun farkına varabilir ve buna uyum sağlayabilirsiniz. Kendinize "Sınırlamalarım olmasaydı kim olurdum ve onlar olmadan nasıl yaşardım?" gibi sorular sorun. Bırakın bedeniniz size yanıt versin ve hayatınız için çok daha büyük olasılıklar sunsun. Sadece bir yerden başlamanız gerekiyor.

Kendinize şu soruları sorun ve bu sorulara yanıt verirken görüşlerinizi not edin:

Bu sınırlamalar olmadan hayatınız nasıl olurdu?

Yanınızda kim var?

Ne içeriyor?

Ne algılıyorsunuz?

Bedeninizde nasıl hissediyorsunuz?

İşte tolerans budur – defalarca kez yapmak, çünkü aynı sonucu elde etmek için daha fazlasına ihtiyacınız vardır. Psikolojide buna "duruma bağlı teori" derler. Bu, sorunu yarattığınız ya da artık geçerliliğini yitirmiş olan o kararı verdiğiniz durumda olmadığınız sürece hatırlayamayacağınız, değiştiremeyeceğiniz ya da ulaşmak istediğiniz şeye ulaşamayacağınız anlamına gelir. İşte bu yüzden insanlar, o eğlenceye ulaşmak için *içki içeyim ya da o farkındalığa ulaşmak için uyuşturucu kullanayım ya da toksik bir dinamik içinde kalıp aşağılanmayı ve güçsüzleşmeyi mazeret göstereyim* diye düşünürler. Basitçe bedeninize sorabilir ve ikiniz için de neyin işe yaradığını seçebilirsiniz.

Gerçek şu ki, istediğiniz farkındalığa ulaşabilirsiniz. Birlikte yaşadığınız tüm yalanlardan kurtulabilirsiniz. Ve kafesten çıkabilirsiniz. İşe, değişmek istediğiniz noktalar için hedefler belirleyerek başlayın. Huysuzluk yapıp yapmadığınızı biliyorsunuz. Her şey için herkesi suçlayıp suçlamadığınızı biliyorsunuz. Finansal durumunuzun değişip değişmediğini biliyorsunuz. Cinsel olarak mutlu olup olmadığınızı biliyorsunuz. O bedende mutlu olup olmadığınızı biliyorsunuz. İşinizde mutlu olup olmadığınızı biliyorsunuz. Gerçekten biliyorsunuz. Evet biliyorsunuz ve siz öyle düşünmeseniz de bedeniniz biliyor. Onu kulak verin.

Tek gereken geçmişinizle yüzleşme cesaretidir. Bugün gerçek olan nedir? İnsanlar bundan çok korkuyor ama gerçek şu ki, bugününüzde *geçmişinizde yaşıyorsunuz.* Ve bundan korkmanız o kadar da önemli değil – daha korkutucu olan şey, bir yere kadar bundan faydalanıyor olmanız. Yoksa yararlanmıyor musunuz? *İşte bu,* sizin gerçek kafesiniz.

ALIŞTIRMA: KAFES PARMAKLIKLARININ ARDINDA

Bu kafesin içinde durduğunuzu ve kapının kapalı ve kilitli olduğunu hayal edin. Kafesin üzerinde on iki parmaklık var. Parmaklıkların her biri, tutunduğunuz ve tam anlamıyla hayatta olmanızı engelleyen bir korku veya sınırlamayı temsil ediyor.

Bir kâğıt parçasını on iki uzun şerit hâlinde kesin ve her şeridin üzerine korkuyu, mesajı, sınırlarınızı – beyninizde yaşamasına ve sizi zincirlemesine izin verdiğiniz  her şeyi yazın. Şeritlerin her birinin arkasına, bu parmaklıktan kurtulmak için yapabileceğiniz bir veya daha fazla şeyi yazın. Bu alıştırmanın sonunda, kafesten kurtulmanın bir sembolü olarak kâğıtları parçalayabilir ya da yakabilirsiniz. Hodri meydan, kaybedecek neyiniz var?

BÖLÜM 4: BEDENİN BİLGELİĞİ

Beden farkındalığı, bedeninizi nasıl dinleyeceğinizi,

ona nasıl nezaketle karşılık vereceğinizi ve onunla nasıl bir ilişki kuracağınızı öğrenmekle ilgilidir;

böylece sisteminiz üzerinde hakimiyet sahibi olduğunuzu hissedebilir ve yaşamak istediğiniz hayatı yaşayabilirsiniz.

HOLLY BRIDGES

Bedeniniz, tıpkı GPS gibi bir navigasyon sistemidir. Ancak teknolojinin yapabildiklerine ne kadar hayret etsek de kendi bedenimizin "teknolojisi" çok daha üstündür – özellikle de sezgi olmadan teknolojinin de var olamayacağı düşünüldüğünde. "Bilimin tüm büyük başarıları sezgisel bilgiden başlamalıdır. Ben sezgiye ve ilhama inanırım..." diyen Albert Einstein'dan, şunları söyleyen Steve Jobs'a kadar: "Kalbinizi ve sezgilerinizi takip edecek cesarete sahip olun. Onlar bir şekilde sizin gerçekten ne olmak istediğinizi zaten bilirler. Geri kalan her şey ikincildir." kuşkusuz dünyanın en zeki insanlarından bazıları bunu kabul etmiştir.

SEZGİSEL FARKINDALIK

Bedeniniz varoluşla daha enerjik bir şekilde hizalanmaya başladıkça, sezgilerinize ve geleceğe dair farkındalığınıza erişmenin çok daha kolay olduğunu göreceksiniz. Bu, birçok insanın bilinçsizce kafeslerinde kalmayı tercih etmesinin bir nedeni olabilir. Bazen cehalet mutluluk ve daha az sorumluluk gibi görünür. Bilinen bir gelecek, bilmeyenler için bilinmeyen bir gelecek kadar korkutucu olabilir. Sezgilerinize erişiminizin olması sizi beladan uzak tutar.

Sezginin kendisi inceliklidir, bu yüzden genellikle küçük şekillerde ortaya çıkar. Örneğin, o sabah partnerinizin size kızgın olmadığı hâlde kızgın olduğunu düşünebilirsiniz. Gün aranızda iyi geçer ama on iki saat sonra size kızgındır. Bu tür bir "uyarı" ilişkinizi dört D döngüsüne takılıp kalmaktan, dikkatinizi vermemekten ya da sezgilerinizi dinlememekten çok daha kolaylaştırabilir.

Bu genellikle evrenin mesajı almanıza "kozmik bir darbe" indirerek "yardımcı" olabileceği zamandır – örneğin, eşinizin gerçekten bilmek istemediğiniz bir ilişkisi olduğu bir sırada attan düşerek kolunuzu kırarsınız (bu benim başıma geldi). Ya da belki sabah bıçakla parmağınızı kestiniz ve faturalarınızı ödemekte geciktiniz. Elbette bu olaylar hiçbir zaman birbiriyle bağlantılı görünmez, ancak dikkatinizi nasıl çektiklerine dikkat edin. Neyse ki, bu deneyimler giderek daha az yaşanmaya başlar çünkü a) onlara ihtiyacınız yoktur ve b) sezgisel olarak daha erken bilirsiniz. Artık mesele sadece bunlara kulak verip vermeyeceğinizdir.

Bedeninizle birlik içinde olmak "beden çalışması" ile aynı şey değildir. Yıllarca hem kendim için hem de başkaları için kolaylaştırıcı olarak çeşitli "beden çalışmaları" yapmış olmama rağmen, son yıllara kadar bedenimle uyum içinde değildim. Şimdi anlıyorum ki, dinlesem de dinlemesem de bedenim her zaman benimle konuşuyormuş. Bugünkü fark ise sadece onun benimle konuşmaya devam etmesi değil, aynı zamanda benim de her gün onunla konuşuyor olmam. Bu iki yönlü bir iletişim.

Eskiden bedenimden çok rahatsız olurdum. Derimin altında böcekler varmış gibi hissederdim. Bedenimin içinde ve üzerinde başka insanların enerjileri vardı – başka insanların gerçeklikleri. Kendimi çok fazla düşünmüyordum ve olduğumu düşündüğüm şeyle ilgili uzun bir yargı listem vardı. Ve ancak içime bakmayı seçtiğimde ne yediğimin değil, beni yiyenin ne olduğunun farkına vardım. Bir bedene sahip olmanın çirkin olduğuna, zevk almanın utanç verici olduğuna, kadın olmanın istismar edilmek anlamına geldiğine inanıyordum. Bedenimi "sindiremediği" bu tür bir düşünceyle besledim ve ayna da bedenimin yediklerimi sindiremediği ya da metabolize edemediğiydi. Ve bedeniniz beslediklerinizi sindiremediğinde ya da sindiremediğinde, iltihap oluşur ve kilo alımına neden olabilir.

Benim durumumda bu, zihin ve beden arasındaki ayrılıktı ve ben bedenimi sorgulamaya ve dinlemeye başlayana kadar değişmeye başlamadı. *Bu ağrı ya da acı ne söylemek istiyor? Bu acı kime ait? Nasıl bir karar verdim? Ve hangi sonuca vardım? Bu kararlara ve sonuçlara göre hayatımı nasıl yaşadım ve hayatımı nasıl şekillendirdim? Bedenimi bu kararlara ve sonuçlara göre nasıl şekillendirdim?* Çünkü kötü, yanlış, kötü, korkunç, utanç verici, berbat veya çirkin olduğunuzu düşünüyorsanız, bedeniniz bunları size görünüşü, şekli, biçimi ve hissiyle yansıtabilir.

İşte bu yüzden ben buna değişim bedeni, olasılık bedeni diyorum. Siz algınızı değiştirdikçe, bedeniniz de algınıza uyacak şekilde değişir. Ancak bu tesadüfen gerçekleşmez. Kendinize iyi bir arkadaş olmayı, daralmaya karşı genişleme olmayı seçerek ve taahhüt ederek onu serbest bırakırsınız. O zaman bedeniniz sizin dostunuz olur, hayatınızı yaşadığınız araç olur, en büyük arzularınız için en genişleyici olan, kalbinizin şarkı söylemesini sağlayan şey için sizinle aktif olarak iş birliği yapar. Kendinizle yeni bir ilişkiniz olur. Kişisel ve profesyonel olarak iyi hissedersiniz ve bir süper güç gibi, hayatınızı eğlence, kolaylık ve yaşama sevinciyle yaratmak için harekete geçersiniz.

Bu, bir diyalog yaratmanın ve bedeninizle iletişim hatlarını açmanın vaadi ve gücüdür, çünkü hem sorun hem de sonuç iletişimde, kendinize anlattığınız hikâyede mevcuttur. Hikâyeyi değiştirdiğinizde, sonucu da değiştirirsiniz.

Sorunlarla dolu olduğunuzda, yeni bir şeyin girmesi için yer kalmaz,

çözüm için yer kalmaz. O yüzden elinizden geldiğince yer açın...

— ECKHART TOLLE, *ŞİMDİ'NİN GÜCÜ*

Bedenlerimiz değişme kapasitesine sahiptir ve bu değişimi ortaya çıkarmak için tek bir seçim yeterlidir; o da bedeninizle birlik içinde – sohbet hâlinde – olmaktır. Ve bunun "büyük" bir seçim olması da gerekmez.

BİR DERECELİK DEĞİŞİM

Dilimiz gerçekliğimizin her ipliğinde ve lifinde bulunur. İçimizdeki bir kelimeyi değiştirerek

bilincimizi, farkındalığımızı ve gerçekliğimizi genişletir, daraltır veya değiştiririz.

Bizden önceki nesillerin düşünceleri ve konuşmaları yaşamlarımızda hâla doğru ve gerçek olarak yankılanır.

Robert Tennyson Stevens

Hayatınızdaki belirli bir durumla ilgili – babanızla, annenizle, patronunuzla, eşinizle veya başka herhangi biriyle – daha önce hissetmediğiniz tek bir duyguyu hissetmeye istekliyseniz, bu bir derecelik bir değişimdir. Bildiğinizi bile bilmediğiniz bir şeyi kelimelere dökmeye istekliyseniz, bu bir derecelik bir değişimdir.

Ne zaman müşterilerimle çalışsam onlara şunu sorarım: "Şu anda tek derecelik değişiminiz nedir? Bu seansı tamamladıktan sonra niyetiniz nedir?" Bir noktada, benim için bir derecelik değişim şuydu: "Ne olursa olsun, bugün kendimi mutlu edeceğim. Ve her şey için minnettar olacağım." O zamanlar nasıl mutlu olunacağını ya da herhangi bir şey için nasıl minnettar olunacağını bilmiyordum, bu yüzden bunun benim bir derecelik değişimim olduğuna karar verdim. Ne olursa olsun. Boktan bile olsa, bunun için minnettar olacaktım.

Bir başka sefer de bir derecelik vardiyam şöyleydi: "Ne olursa olsun, her gün dışarı çıkıp otuz dakika yürüyüş yapacağım. Telefonumdan zaman tutacağım ve hiçbir iş yapmayacağım." Kısa süre sonra otuz dakikam bir saate, bir saatim de bir buçuk saate dönüştü. Ve sonra işe geri dönmek istemedim, ama gittiğimde, eğer işe geri dönmek zorunda kalırsam, her zaman daha iyi oldu çünkü boşluğum vardı. Bir derecelik vardiya da bunu yapıyor. Size alan sağlar. *Ben bir hatayım, sevilmiyorum, utanıyorum, ben hiç kimseyim, ben bir sahtekârım* gibi inançları bedeninizdeki hücresel bilincinizden çıkardığınızda, kendinizi daha hafif ve özgür hissedersiniz. Bu bir derecelik bir değişimdir.

Sizin için bir derecelik değişim ne olurdu? Geçmişinizdeki bir şeyle yüzleşmek kadar basit olabilir (*basit* dedim, *kolay* değil). Ya da kendinizi ne kadar kontrolsüz hissettiğinizi fark etmek olabilir. Bunu kendi dünyanıza yerleştirin. Bunu yüksek sesle söyleyebilir ya da kendinize fısıldayabilirsiniz. Sonra da yazın. Gerçekleştirin.

BENİM İÇİN BİR DERECELİK DEĞİŞİM NEDİR?

İşte gününüze bir derecelik değişimler yapmanın enerjisiyle başlamanızı sağlayacak fikirlerin bir listesi:

- Her sabah o gün için bir derecelik bir değişim yazdığınızdan emin olun.
- Yazılı belgenizi yanınızda bulundurun ve günde birkaç kez yüksek sesle okuyun. (Dizin kartları bu alıştırma için iyi sonuç verir).
- Her gün o bir derecelik değişimi yaşamak için çabalamaya devam edin.
- *Bugün benim bir derecelik değişimim...*
- *Bugün minnettar olduğum bir şey...*
- *Bugün bir eylemim...*
- *Benim için bir derecelik değişim...*

ARKADAŞINIZ OLARAK BEDEN

Unutmayın, Roma bir günde inşa edilmedi, inanç sistemleriniz de öyle. Otuz yıldır bir hikâyeniz varsa, muhtemelen her şeyi bir çırpıda bırakmayacaksınız. Kendinize ve yaptığınız her şeye karşı sabırlı olun. Emin olabileceğiniz bir şey varsa o da bedeninizin size doğruyu söyleyeceği ve hayatınızdaki karmaşalardan kurtulmanız için size rehberlik edeceğidir. Geçenlerde biri benimle şunları paylaştı:

Bedeniniz sizin en yakın arkadaşınızdır, size asla yalan söylememiş ve söylemeyecek bir dosttur. Bu ayırt edici özellikleri göz önünde bulundurun:

Bedeniniz:

- *size tereddütsüz olarak bağlıdır ve yalnızca asıl amacınıza giden yolda sizi desteklemek için vardır.*
- *ona nasıl davranırsanız davranın, sizden asla bıkmaz.*
- *zihinsel durumunuzu yargılamadan "dışarıdan resmederek" ve yansıtarak size inanılmaz bir geri bildirim verir.*
- *her emrinizi yerine getirir.*
- *bu sizin projeniz, sizin eseriniz, sizin dünyaya armağanınız.*
- *sizi bir an bile yoldan çıkarmayacaktır.*
- *saf adanmışlıktır, emrinize amadedir.*

Çoğu zaman insanlar bedenlerine girmek istemezler, girerlerse geçmişi hatırlayacaklardır çünkü bedenleri her şeyi hatırlar. Hatırlamayan zihninizdir. Zihniniz hatırlamak istemez. Ama bedeniniz her şeyi hatırlar. Bir atölye çalışmasında birlikte çalıştığım bir kadın, bedeninden kaç kez doğru cevap vermesini istediysem de kafasının içinde kalmakta çok kararlıydı. Sürekli "genişlemekte" olduğunu, bedeninden kaynaklandığını söylüyordu ama ben onun kafasından cevap verdiğini anlayabiliyordum. Sonunda bedenine açıldı. Bilerek direnmiyordu – bilinçsizdi. Bedeninde olmak acı vericiydi çünkü çirkin olduğuna dair bir inanç benimsemişti. İncinmekten uzak durmak istiyordu ve şimdiki zamanda olmaktansa gelecekte ya da zihninde olmayı tercih ediyordu.

Gerçek şu ki, her ne kadar korkutucu görünse de korkunun kendisi zihniniz tarafından üretilir ve sizin yalnızca yüzde onunuzu temsil eder. Dolayısıyla böyle bir deneyimin üstesinden gelmek, aslında sadece bu yüzde onluk kısmınıza –zihninize– odaklanmak yerine, yüzde doksanlık kısmınız olan bedeninize odaklanmakla ilgilidir.

Hissetmek, sizi kim olduğunuz gerçeğine düşünmekten daha çok yaklaştıracaktır.

— *ECKHART TOLLE*

Bedeniniz bir armağandır. Bir olasılıktır. Yanınızda taşıdığınız ölü bir pelerin değildir. Ve izin verirseniz sizinle konuşacaktır. Ama *önce* onu dinlemelisiniz, başkalarını değil.

Çünkü bedeninize odaklanırsanız, işler değişecektir. Kendinize sorun: *Bedenimin değiştirmek isteyip de değiştirmediğim nelerin farkındayım? Benim için daha fazla rahatlık veya huzur yaratacak olan nedir?* Sonra dinleyin. Ve sadece cevabı değil, enerjisini de dinleyin.

Geriye dönüp baktığımda, hayata içten dışa ve dıştan içe bakışımla ilgili her şeyi değiştiren şeyin, kendine zarar veren düşünceler veya kendini sabote eden inançlar yerine sevgi, alan ve kendim hakkında iyi hissetme enerjisi olduğunu gördüm. Bedenimiz duyusal iletişim kuran bir organizmadır – ifade ettiği her şey bir şeyin iletişimidir. Asıl soru şu: Bedeniniz size tam olarak ne söylüyor? Bunu anlamanın bir yolu, bir düşünceye kapıldığınızda nasıl *genişlediğinizi veya büzüldüğünüzü* fark etmektir. Şimdi kendinize sorun, *Beden, şu anda mutlu musun? Ne hissediyorsun?* Genişleme mi yoksa daralma mı?

EVET VEYA HAYIR

Bedeninizi bir tür "duyusal meditasyon" olarak düşünün. Karar vermek için ihtiyaç duyduğunuz ve gözden kaçırıyor olabileceğiniz bilgilere uyum sağlamak için bedeninizi kullanabilirsiniz. Örneğin, uluslararası bir işim var ve hangi alanlara odaklanmamın en iyisi olduğunu öğrenmek için bedenimi kontrol edeceğim. *Şu anda Türkiye'ye mi odaklanmalıyım, yoksa Hollanda ya da*

İspanya'ya mı? Ya da bedenimde bir tür ağrı veya gerginlik varsa veya bir ilişkimde çatışma yaşıyorsam, bedenime sorduğum ilk şey bu gibi sorulardır:

1. *Neyin farkında olmayı reddediyordum?*
2. *Neyi bıraktım?*
3. *Şu anda dikkatimi nereye vermem gerekiyor?*
4. *Bunun olacağını nasıl fark ettim ve dikkat etmedim?*

Doğuştan gelen bir rehberlik sistemi olarak bedeniniz sizi hayal kırıklığına uğratmayacaktır. Sizinle iletişim kuracaktır ve sorularınıza yanıt vermek için size "Evet" ya da "Hayır" diyeceği özel bir yolu vardır. Beden "belki" demez. Genel olarak, "Evet" genişlemiş, "Hayır" ise bedeninizin bir bölümünde ya da belki de tümünde daralmış hissedersiniz. Her insan kendi benzersiz "mesajlaşma" sistemini keşfetmeli ve geliştirmelidir. Bedeninizde "Evet "in ne olduğunu, "Hayır "ın ne olduğunu öğrenin. Genellikle, bedeninizde bir şey hissedeceksiniz ve bunun bir açıklaması olacak. Örneğin, midenizde bir gerginlik hissedebilirsiniz. Bununla ilişkili bir renk olabilir. Ya da belki kafanızda veya kalbinizde hissedersiniz. Bedeninizle daha fazla bağlantı kurmaya ve bedeninizin farkında olmaya başladığınızda, hayatınızın büyük bir bölümünde kasılmış bir durumda yaşadığınızı fark edebilirsiniz. Büyük değişim buna uyanmaktır, böylece genişleme ve olasılık içinde yaşamaya başlayabilirsiniz.

Basit Bir Başlangıç:

Adınızı yüksek sesle söyleyin.

"Benim adım..."

Bu bilgiyi bedeninizin neresinde hissettiğinizi fark ettiniz mi?

Bu his sizin "Evet" cevabınız.

Şimdi de "Ben bir kurbağayım" deyin.

Bedeninizin nerede tepki verdiğini fark ettiniz mi?

Bu sizin "Hayır" cevabınız.

Bunu her gün deneyin.

Gerçek yön bulma sisteminiz olan bedeninize hoş geldiniz!

Hayatınız tesadüfen değil, değişimle birlikte iyileşir.

— *JİM ROHN*

Siz gelişip değiştikçe, "Evet" ve "Hayır" cevaplarınız da değişir. Bu bazen hayatınıza aldığınız insanlar, giydiğiniz kıyafetler ya da katıldığınız etkinlikler olabilir. Örneğin şu anda evet dediğim şeyler alkol kullandığım zamanlardan çok farklı. Ve şimdi hayır dediğim şeyler de farklı çünkü gittiğim yerle bir sinerji var. Farklı arzu hedeflerim ve gerçekleştirdiğim şeyler var. Önceden sadece kendimi dünyayla özdeşleştirdiğim tüm yollar ve ruhumun iziyle uyumlu olmayan taşıdığım inançlar arasında gezinmeye çalışıyordum.

Bedeninizden ayrı ve kopmuş olarak yaşadığınızda, her şey birbirinden ayrık ve kopuk görünür. Dolayısıyla, örneğin, işinizde bir şey yaratmaya çalışırsanız, meyvesini verebilir ama bu zor olacaktır. Çok geç olacaktır, aceleye gelecektir ya da başka bir şey olacaktır. Ruh izinizle daha uyumlu hâle geldikçe, daha önce kopuk olduğunuz için çekemediğiniz farklı insanları çekeceksiniz. Kendi parçalanmışlığımızın ya da kopukluğumuzun seviyesinde ya da altında insanları kendimize çekme eğilimindeyizdir. Enerjiler mücadelelerimizle eşleşir ve sonuç olarak ortaya çıkan şey tam olarak budur.

ÇEVRENİZDEKİ DÜNYAYA KARŞI DUYARLILIK

Bedenlerimiz çevremizdeki dünyaya karşı son derece hassastır ve farkında olmadan başkalarının enerjisini kendi bedenimizde taşırız. Ancak durup sorgulamayı seçtiğiniz her an bunun farkına varabilirsiniz. Kaç kez yatağa iyi gitmenize ve iyi uyumanıza rağmen gerçekten yorgun ve kötü bir ruh hâli içinde uyandınız? Bunun sebebi neydi? Bir şeyle bağlantılıdır. Neyin farkındasınız? Şu anda bunu düşünürken aklınıza kim geliyor?

Atölye çalışmalarımda insanlara bu enerjileri temizlemelerine ve dağıtmalarına yardımcı olmak için pek çok enerjisel şifa tekniği öğretiyorum, bu da onlara büyük bir rahatlama sağlıyor. Daha da önemlisi, bağlantıların kendilerinin nasıl farkına varacaklarını öğreniyorlar. Bir kişi migren, boyun ağrısı ve sırt ağrısı ile uyandı. Sadece bu gibi sorular sorarak durumun bütününe ulaşabildik:

- *Kimden haberdarsınız?*
- *Acı konuşabilseydi, ne derdi?*
- *Kimin acısını çekiyorsunuz?*

Deneyimlediğiniz her şey geçmiş bir deneyime dayanmaz. Geçmişinizi ve onun bugününüz üzerindeki etkisini temizlemek için ne kadar çok çalışırsanız, dünyadaki enerjileri o kadar çok algılayabilirsiniz. Hissettiğiniz şey tanıdığınız biriyle bağlantılı olabilir ya da kendinizi Suudi Arabistan'da acı çeken bir çocuk gibi hissediyor olabilirsiniz. Bunu yapıyoruz çünkü insanlar olarak bizler enerjik varlıklarız ve herkesle ve her şeyle bağlantılı moleküler duyusal organizmalarız.

Kozmik düzeyde hepimiz biriz. Bunun neden böyle olduğunu sormak yerine, "Artık benim olmadığını bildiğim bu enerjiyle ne yapabilirim?" sorusuna odaklanmak daha faydalıdır. Enerjiyi bırakmanın pek çok yolu vardır. Onu toprağa verebilirsiniz, ışığa gönderebilirsiniz, sevgi gönderebilirsiniz, dizlerinizin üzerine çöküp dua edebilirsiniz ya da bir torbaya yumruk atabilirsiniz. Önemli olan, size ait olanla başkasına ait olanı ayırt etmeyi öğrenmektir. Bir çocuk olarak, düşündüğünüz ve hissettiğiniz her şeyin size ait olduğunu düşünürsünüz, oysa son derece hassas ve bağlantılı bir varlık olarak sadece annenizle değil, babanızla, kardeşlerinizle, teyzelerinizle, amcalarınızla, öğretmenlerinizle... ve Tanrı bilir her an başka kimlerle muhatap olursunuz.

ALIŞTIRMA: (BUNU 21 GÜN BOYUNCA HER GÜN ÜÇ KEZ YAPMANIZI ÖNERİRİM)

1. Kendi bedeniniz hakkında sahip olduğunuz mesajları yazın. Hedef, bu mesajları kafanızdan çıkarıp kâğıda dökerek itiraf etmektir. Bu alıştırmada size yardımcı olması için, kendi kafanızın içinde kendinize yaptığınız olumsuz yorumları düşünmek faydalı olabilir. Şimdi kendinizle ilgili on inanç veya cümle yazın.

2. Fiziksel bedeniniz üzerine düşünün. Onu seviyor musunuz? Onu neden eleştiriyorsunuz? Kilosundan mı? Görünüşünden mi? Hareketlerinden mi? Şimdi bedeninizle ilgili on eleştiri yazın. Not: yukarıdaki ile aynı/benzer olabilirler.

3. Bedeninizde yaşadığınız "rahatsızlıklar" neler? Hastalığa yatkın mısınız? Sürekli çektiğiniz ağrı ve sızılarınız var mı? Sık sık mide ağrıları yaşıyor musunuz? Hiç nefesinizi tuttuğunuzu fark ettiniz mi? Ne zaman ve neden? Şimdi bedeninizin on hastalığını ya da rahatsızlığını yazın.

4. Gözlerinizi kapatın.

5. Bir elinizi timüsünüzün (kalp merkezi) ve bir elinizi de pubis kemiğinizin (alt karın bölgesi) üzerine koyun.

6. Ağzınızdan üç kez nefes alırken çenenizi düşürün.

7. Şimdi psişik ellerinizle enerjiyi yakalayın ve gerçek ellerinizi kullanıp onu fırlatabilirsiniz...

8. Beş kez yeryüzüne inin.

9. Beş kez gökyüzüne çıkın.

10. Beş kez önünüze çıkın.

11. Şimdi ağzınızdan üç kez tekrar nefes alın.

12. Ayaklarınızı yerde hissederek, ellerinizle timus ve pubis kemiğinizin üzerinde bulunduğunuz odanın dört köşesine genişleyin ve dokunun.

13. Bulunduğunuz şehrin dört köşesine genişleyin.
14. Bulunduğunuz eyaletin dört köşesine genişleyin.
15. Bulunduğunuz ülkenin dört köşesine genişleyin.
16. Sanki dünyanın dört köşesi varmış gibi, dünyanın dört köşesine genişleyin.
17. Eğer varsa, evrenin dört köşesine genişleyin.
18. Farkı fark ettiniz mi? Yeni olan ne?
19. Elleriniz hâla timus ve pubis kemiğinizin üzerindeyken şunları yazın ve/veya söyleyin:
20. Ben değiştim!
21. Değiştiğimi biliyorum!
22. Değiştiğimi biliyorum çünkü...

BÖLÜM 5: KOPUKLUĞU İYİLEŞTİRMEK

İnsanlar şimdi korku odaklı, adrenalinle dolu yaşamdan tam beden–zeki yaşama geçiş yapma fırsatına sahip. Beden zekâsı, bakış açımızı korkunun ötesine, hücrelerimizde taşıdığımız binlerce yıllık zengin bilgeliğe doğru genişletir.

— GAY HENDRİCKS

Kendinize ve bedeninizin bilgeliğine güvenmek, ancak başkalarının evreninde olmayı ve kendinizi başkalarının gözüyle yargılamayı bıraktığınızda gerçekleşebilir. Değerinizi ya da kıymetinizi kanıtlamak zorunda değilsiniz.

Uzun bir süre boyunca, insanlara neye dahil olduğumu veya hangi sertifikayı aldığımı söyleme ihtiyacı hissettim ve bu bana neyin kabul ettireceğinden, neyin terfi ettireceğinden, neyin bana doğru, iyi veya daha iyi olduğum görüntüsünü vereceğinden kaynaklanıyordu. Başkalarının bakış açısından bakmayı bırakana kadar kendi bakış açımı bulamadım. Ve bu bir gecede olmadı, ama bilgisayar başında bedenimle konuştuğum o anla başladı.

İlişkilerimi farklı bir şekilde keşfetmeye ve geliştirmeye başladım, önce kişisel ilişkilere, "dışarıdakilere" odaklandım. Sonra yoğun bir şekilde "içsel" ilişkilerime baktım: kendimle olan ilişkim, sağlığımla olan ilişkim, işimin parayla olan ilişkisi ve kişisel mali durumum ve parayla olan ilişkim. Daldım: *mutlu muyum?* Şaşırtıcı olmayan bir şekilde, mutlu olmadığımı keşfettim. Ve ne yarattığımdan ya da nasıl yarattığımdan mutlu değildim.

Eğer mutsuz olan ama bunu itiraf etmeyen ve nedenini görmezden gelmek için elinden geleni yapan biriyseniz, size eşlik edecek pek çok kişi var demektir. Kayıtsızlığın kendine has faydaları vardır, en azından hayatta bir şey gelip kafesimizi sarsana kadar. İyi bir örnek olarak 2020'de insanları evlerine kapanmaya zorlayan dünya çapında bir pandemi yaşadık. Birlikte yaşadığımız insanlarla evde sıkışıp kaldık. Bu koşullar altında, onların sizinle nasıl olduğunu ve sizin onlarla nasıl olduğunuzu... ya da sizin bedeninizle nasıl olduğunuzu ve bedeninizin sizinle nasıl olduğunu... ya da arkadaşlarınızla nasıl olduğunuzu ve aslında gerçekten arkadaş olup olmadıklarını görmezden gelmek oldukça zor. Birdenbire, banka hesabınızda neyin görünüp neyin görünmediğini görmezden gelemezsiniz. Daha önce meşgul olarak, yaparak ve kaçınarak kötü duyguları uzaklaştırabildiğiniz kâbusları görmezden gelemezsiniz. Annenize veya babanıza karşı hissettiğiniz hayal kırıklığını veya artık burada olmadıkları için hissettiğiniz acı ve yıkımı ve bunun hayatınızı nasıl etkilediğini görmezden gelemezsiniz.

Ancak hayatınızı değiştirmek istiyorsanız, bu geçmiş durumlara daha fazla güvenemez veya tahammül edemezsiniz. Bu çalışma "Hayatımı sevmiyorum ve onu değiştirmek istiyorum" ile ilgilidir. Belki hayatınızın bir kısmını seviyorsunuz, ancak gerçekliğinizin herhangi bir kısmıyla yüzleşmek ve onu farklı bir şekilde yaratmak için acımasızca dürüst olmalısınız.

Şu soruları yanıtlayın:

- *Hayatınızın sevmediğiniz kısmının adını koyun ve onu değiştirmek için ne gerekiyorsa yapmaya karar verin!*
- *Davranışınızın hoşunuza gitmeyen kısmını adlandırın ve bunu değiştirmek için ne gerekiyorsa yapmaya karar verin!*

- Şimdi seçiminizi yapın.Yüksek sesle söyleyin.
- *Seçimim...*
- Şimdi, seçiminizi hayata geçirmek için eyleminiz ne olacak? Ne olduğu önemli değildir. En önemlisi eylemdir.
- *Eylemim...*
- Şu anda minnettar olduğunuz bir şey söyleyin.
- *Minnettarım, çünkü...*
- *Şunun için minnettarım...*
- *Şu konuda minnettarım...*
- Şimdi, bedeninizi dinleyin.
- Merhaba deyin.
- Kendinize sarılın.
- "Seni seviyorum" deyin.
- "Teşekkür ederim, Bedenim." deyin.
- Şimdi, gidin ve hayallerinizi gerçekleştirin.
- Ve kendiniz olmaya devam edin!

Alkole karşı alerjim olduğunu öğrendiğimde ve içmeyi bırakmaya karar verdiğimde, her gün bu koltuk değneği olmadan nasıl yaşayacağımı öğrenmek zorunda kaldım. Bu çözümün yerini günlük 1º Değişimler™ aldı. Artık daha iyi olabilecek şeyleri görebileceğim bir alan vardı. Önceden, sadece alkol almak ve bunların hiçbirini görmemek isterdim. Alkolü özlemiyordum – ama hayatımı ya da gerçekliğimin sorumluluğunu, kontrolünü ve yaratımını da özlemek istemiyordum. Bu arzu beni kafesten ve dört D'nin kısır döngüsünden kaçmayı kolaylaştıracak araçlar ve teknikler bulmaya ya da geliştirmeye yöneltti.

KENDİNİZİ KAFESTEN KURTARMAK İÇİN ARAÇLAR VE TEKNİKLER

1. ROAR® METODU

ROAR® Metodu, geçmişten gelen travmayı sözel, enerjisel ve bedensel olarak ortadan kaldırmaya yönelik somatik bir tekniktir. Sınırlamaları, sizi hasta eden ve farkında olmadığınız bilinçdışı inançları ortadan kaldırır. Eğer isterseniz, kendinizi ağrı ve sızılardan kurtarmak için hayatınızın her gününde kullanabileceğiniz bir araçtır. Kendi kendini temizleyen fırın benzetmesini kullanmayı seviyorum – kimsenin bunu sizin için yapmasını beklemek zorunda değilsiniz. Bazen danışanlarıma banyoya girebileceklerini, teknikle çalışabileceklerini ve tadaaa, banyodan çıkabileceklerini, işlerine geri dönebileceklerini ve işlerine devam edebileceklerini söylüyorum. Ve bazen şaşırtıcı bir şekilde bunu yaparlar.

ROAR® Metodunun kısa versiyonu şöyledir:

1. *Mevcut durum ne?*
2. *Bu neyi gündeme getiriyor?*
3. *Neyle ilgili?*

4. *Aman tanrım, işte buna karar verdim – inanç sistemi bu.*

5. *Şu anda bunu yapmak istemiyorum. Nasıl değiştirebilirim?*

6. *Bu konuda ne için minnettarsınız?*

7. *Harekete geçin – 1º Değişim ™ yapın.*

Bu çalışmayı ne kadar çok yaparsanız o kadar içselleşir ve sonunda bir acı ortaya çıktığında sadece "Bedenim, bana ne söylemeye çalışıyorsun?" gibi tek bir soru sormanız gerekebilir. O zaman duygularınızı kafesten çıkarırsınız. Unutmayın, duygu hareket hâlindeki enerjidir, bu nedenle frene basmanıza, bedeninizi sert ve sıkı tutmanıza veya dört D (inkâr etme, savunma, bağlantıyı kesme, kopma) hâline girip her şeyi görmezden gelmeye çalışmanıza gerek yoktur. Buradaki amaç, şimdiki zamanda nasıl kalınacağını öğrenmektir.

"Bedeninizin derinliklerine kök saldıktan sonra, zihninizin gözlemcisi olarak orada bulunmak kolaydır. Dışarıda ne olursa olsun, artık hiçbir şey sizi sarsamaz."

— *ECKHART TOLLE*

---

2. DÖRT E VE DÖRT C

Yuvada büyüyen ve ayrılmaya hazır olan yavru bir kuş gibi, bazen özgürlüğe uçuşumuzu kolaylaştırmak için kanatlarımızı bulmamız gerekir. Bu, dört E [(benimsemek (embracing), incelemek (examining), somutlaştırmak (embodying), genişlemek (expanding)] ve dört C'nin [(seçmek (choosing), adamak (committing), evrenle iş birliği yapmak (collaborating) ve yaratmak (creating)] görevidir. Güzel bir dans gibi, dört D'nin döngüsünden kurtulmanıza yardımcı olmak için önce biri, sonra diğeri yol gösterir (bkz. İkinci Bölüm).

Öncelikle, dört E'nin her birinin ne anlama geldiğini ve ardından dört C'nin ne anlama geldiğini açıklamama izin verin, ardından sizi kafesten çıkarıp yaratma özgürlüğüne taşımak için hepsinin nasıl çalıştığına ve birlikte nasıl akabileceğine dair bir örnek vereceğim.

DÖRT E

BENİMSEMEK, BİR ŞEYİN VARLIĞINI KABUL ETMEK VE ONUNLA OLMAKTIR.

Ne olursa olsun, onunla yüzleşmeye ve onu hissetmeye isteklisiniz. Onu kucaklıyor ve yargılamadan farkındalığınızda olmasına izin veriyorsunuz. Bu, her ne oluyorsa ve şu anda bedeninizde ne hissediyorsanız onu kabullenmenin bir biçimidir. Bu titiz bir dürüstlük, açıklık ve gerçeğinizi bilme ve ona göre ve onun için kolaylıkla yaşama istekliliğidir. Kişisel olarak bu benim için en derin, en zengin ve en zorlu çalışmaydı. Şimdi buna değer.

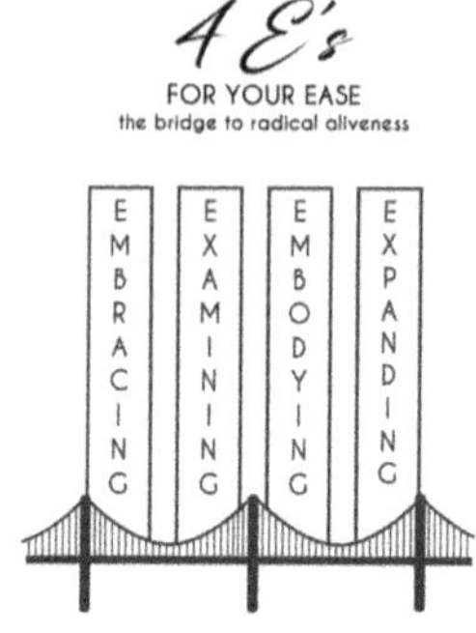

Şu anda BENİMSEMEYİ (EMBRACING) reddettiğiniz bir şey söyleyin.

İNCELEMEK, SORULAR SORMAK VE NELER OLUP BİTTİĞİ VE BUNLARI DEĞİŞTİRMEK İÇİN NELERİN GEREKECEĞİ HAKKINDA DAHA FAZLA FARKINDALIK KAZANMAKTIR.

Bu, bedeninizin o anda ne hissettiğinin araştırılmasıdır – sorgulamaya derin bir dalış, çevrilmemiş hiçbir taş bırakmadan. Dinlemeye ve cevabı almaya isteklisiniz.

Şu anda İNCELEMEKTE (EXAMINING) olduğunuz şeyin farkındalığını söyleyin.

SOMUTLAŞTIRMAK, BİR ŞEYİ İÇERMEK VEYA ONA BİÇİM YA DA GÖRÜNÜR BİR İFADE VERMEKTİR.

Bu, sizin gerçeğinizi dahil etmek ve bedeninizle bir araya gelmekle ilgilidir. Bu, siz olma olasılığının yalnızca bir umut ya da hayal olmaktan ziyade bir seçim olduğu yerdir. Bu yeni bir gerçekliğe açılmaktır ve siz de ona doğru ilerlemeye başlarsınız. Daha iyi, daha hafif ve daha az yoğun hissedersiniz.

Şu anda hangi hissi SOMUTLAŞTIRDIĞINIZI (EMBODYING) söyleyin.

GENİŞLEMEK SEÇMEKLE İLGİLİDİR – TAM OLARAK YAŞAMAK VE OLMAK İÇİN ALANINIZI İŞGAL ETMEYİ SEÇMEK.

Artık kafeste değilsiniz. Enerjinizi alan olarak genişle-tirken, bedeninize kolaylığa sahip olmak için ihtiyaç duyduğu şeyi verirsiniz. Kafese geri çekilmek yerine, dışarı doğru genişler ve özgür yaşamayı seçen bir varlık olarak alanınıza sahip çıkarsınız. Var olduğunuzun ve radikal canlılığı seçme şansına sahip olduğunuzun farkına varıyorsunuz. Bu bir derecelik değişim tekrar tekrar, her zaman mümkün olduğunu bildiğiniz hayatı gerçekte yaratır, hüsnükuruntuda ya da hayal dünya-sında değil.

. . .

Şu anda nasıl GENİŞLEDİĞİNİZİ (EXPANDING) hissettiğinizi söyleyin.

DÖRT C

Seçmek (choosing), sizin için doğru olanın hafifliğinden seçim yaptığınızda, diğer insanların veya evrendeki diğer faktörlerin bedeninize ve yaşamınıza seçimler dayatması yerine, kendinize neyi seçtiğinizi kabul etme izni vermenizdir.

Seçmek, ne istediğinizi kabul etmenizi, neyin aslında sizin seçiminiz olduğunu adlandırmanızı ve ifade etmenizi gerektirir. Çevrenizdekilerle çatışsa bile kendi arzularınızı kabul ettiğiniz için seçim yapmak cesaret gerektirebilir. Seçmek kendinizi sevmektir.

Adamak (committing), eylemlerinizle yere bir kazık çakmaktır. Şöyle dersiniz: "Ben kendimden bunu istiyorum. Artık buna müsamaha göstermeyeceğim." Kendinizi buna nasıl adadığınız, bunun ve burada ne yaptığınızın farkına varmakla olur. Ve sonra ne olursa olsun, bunu kucaklamaktır. Kendini adamak, seçiminizi takip eden eylemdir. Varlığınızı, bedeninizi canlandırır ve varoluşu gerçekleştirir.

İş birliği yapmak (collaborating), evrenin "Yaşasın! Şimdi yapacak bir şeyimiz var. Bunu sana vereceğiz." İş birliği yapmak aynı zamanda kendinizle birlikte olmaktır. Olumsuz konuşmaları değiştirir ve kendinizi sürekli olarak harekete geçmeye ve seçtiğiniz şeye doğru ilerlemeye teşvik edersiniz. Ayrıca, seçiminizi ve kararlılığınızı destekleyici bir şekilde destekleyecek kişileri veya durumları arar, kendinizi seçmeyi hak ettiğinize inanan enerji ve bireylerle çevrelersiniz. İş birliği yapmak, seçimlerinizi desteklemeyen ve bağlılığınızın ve eylemlerinizin önünde durmaya çalışan insanlarla iş birliğinden bilinçli olarak kaçınmak anlamına da gelebilir. Bu insanlarla aranıza mesafe koyar ya da onların sözlerinin genellikle yanlış olduğunu nasıl anlayacağınızı öğrenirsiniz.

Yaratmak (creating) radikal canlılıkta yaşamaktır. Yaratmak, seçimlerinizi ileriye taşımanın akışı içinde olduğunuz o geniş ve canlandırıcı durumdur. Kendinizi adadınız ve destekleyici bir iş birliği ağı kurdunuz. Şimdi seçimlerinizi yaşamınızda gerçeğe dönüştürecek adımları atmanın keyfini çıkarıyorsunuz. İlk üç C üzerinde çalıştığınız için, varlığınızda görevlerin üstesinden gelmek için alanınız var ve enerjiniz kaçınmak yerine yapmaya odaklanmış durumda. Bu 1º Değişim™ hareket hâlindedir ve şaşırtıcı derecede neşeli ve güçlendiricidir.

Dört E ve dört C'nin çerçevesi, sizi yaşadığınız ve yarattığınız yerin ötesini seçme noktasına getirmek, kendiniz için radikal canlılığı seçmek ve bunu mutlak bir olasılık olarak bilmek için tasarlanmıştır. Bu artık sadece bir hayal değildir. Bunu bedeninizde hissedebilirsiniz. Neden mi? Çünkü konuşmayı, dürüst olmayı ve kendinizi dinlemeye, öfkenizi ve duygularınızı bastırmamaya adamayı seçtiniz. Evrenin sizi kutsamak için iş birliği yapmasına izin verdiniz. Bilinçli yaratıma geçtiniz. Bu, dört stratejinin yıkıcı döngüsü yerine içinde olmak istediğiniz yeni, olumlu, yapıcı ve yukarı doğru bir döngüdür. Daha radikal bir canlılığı seçerek kafesten çıktınız – ve burada kalmak istiyorsunuz. Canlılık, siz olmanın ruhsal baskı enerjisidir.

GÜNLÜK ALIŞTIRMALAR

Bedeniniz kendisine ne zaman özen gösterildiğini bilir ve bunu kendinize zaman ayırarak, önce kendinize vererek yaparsınız. Çoğumuz uyanır, kendine kahve yapar, duş alır ve dünya ile ilgilenmek için aceleyle kapıdan çıkarız. Günümüz başladığı andan itibaren kendimizi stresli hissederiz. Vücudunuz size arkadaşınızmış gibi ilgi gösterilmesini gerçekten takdir edecektir. Günlük 1º Değişimler™ bunu yapmanın bir yoludur.

1. Yaratıcılık İstasyonu

Meditasyon bize faydalıdır – bilim bunu kanıtlamıştır. Yine de gözleriniz kapalı oturmak ve belirli bir süre nefes almak herkes için işe yaramıyor. Neyse ki meditasyon yapmanın birçok yolu var. Tek yapmanız gereken kendinize uygun olanı bulmak. Benim "yaratıcılık istasyonu" adını verdiğim bir sabah rutinim var. Diğer meditasyon biçimleriyle aynı şeyi yapıyor: bedenimin benimle konuştuğunu duyabileceğim bir alan açıyor, böylece her gün kendim ve bedenim için neyin işe yarayacağını bilinçli olarak seçebiliyorum.

Çoğumuza seçme şansı hiç öğretilmedi. Annemizin, babamızın ya da öğretmenlerimizin bizim için istedikleri ya da yapmamızı istedikleri şeyleri yaparak ya da bunlara tepki vererek büyüdük. Benim gibi bazı insanların hayatları zorba ebeveynleri tarafından planlandı – hangi okullara gidecekleri, hangi dereceleri alacakları. Her günün bizim yarattığımız bir şey olduğu ya da bir olasılık olduğumuz ve bunu her gün seçebileceğimiz aklımıza gelmiyor.

Yaratıcılık istasyonuma oturmadan önce mumları yakarak başlıyorum. Her zaman üç şeye odaklanırım – bedenim için bir şey, işim için bir şey ve kişisel bir şey. Örneğin kendimi yeni bir ameliyata hazırlarken, içinde dualar olan "melek" kitaplarımdan birini gözden geçirdim ve fiziksel iyileşmeyi kolaylaştırmak için onları yazdım. Ya da basit bir şey için söz verebilirim:

Bugün, ne olursa olsun, minnettar olacağım.

Bugün, ne olursa olsun, savunmasız olacağım.

Bugün, ne olursa olsun, her sinirlendiğimde nefes alacağım.

Çok fazla şeker yiyerek kontrolden çıkmanın eşiğine geldiğimi hissettiğimde, bedenimi daha iyi hissettirme konusunda farkındalığımı geri kazanmak için başka bir uygulamam daha var. Elimi timus ve pubis kemiğimin üzerine koyuyorum, gözlerimi kapatıyorum ve nefes alıyorum. Sonra "Lisa, eksik olan ne?" diye soruyorum. Ya da "Neyin eksik?" diyorum. Gelen cevap genellikle beni kaybetmek, eksiklik ya da özlemekle ilgili bir şey oluyor. Özlem önlendi. Onur etkinleştirildi.

Diğer faaliyetler şunları içerebilir:

1. Günlük yansımaları okumak
2. Bir melek veya enerji kartı seçmek
3. Günlük tutmak
4. Sorular sormak:

Bedenim, [bugün ne giymek, yapmak, yemek, katılmak] istersin?

Bugün kalbime ne şarkı söyletirdi?

Eğer bunu seçersem, bu ne yaratacak?

Bu benim istediğim hayatı mı yaratıyor?

Neden çalışıyorum?

Neyi seçmek isterdim ve bugün kim olmak isterdim?

Önemli olan sorgulamayı bırakmamaktır.

Merakın var olmasının bir sebebi vardır.

—ALBERT EİNSTEİN

Ne yaratmayı seçersem seçeyim ya da ne zaman bir şey istesem, her zaman en sevdiğim cümleyle bitiririm: "Nasıl olacağını bilmiyorum... Olacağını biliyorum." Bunu her şey için kullanırım. İşimde bir pozisyonu dolduracak birine ihtiyacım varsa ya da üç yeni müşteri veya daha fazla para gelmesini istiyorsam, şunu ekleyebilirim: "Bu bana tamamen kolaylıkla geliyor. Evren, göster bana. Minnettarım ve tatmin oldum. Ve öyle de olacak." Ve her zaman ortaya çıkar.

Kendinizi iyi hissetmek veya radikal bir canlılıkla yaşamak için kendi 1° Değişim™ alıştırmalarınızı yaratabilirsiniz. Bu, balkonda oturup güneşin tadını çıkarmak kadar basit bir şey bile olabilir. Önemli olan sizin için işe yarayan bir alıştırmaya sahip olmak ve siz değiştikçe onun da değişmesine izin vermektir – günlük bir alıştırma – bedeninizi kontrol etmek ve o gün için odaklanmak veya ileriye dönük olarak yaratmak istediğiniz her ne ise onu gerçekleştirmek. Unutmak gibi komik bir huyumuz vardır, bu yüzden tekrar ve harekete geçmek dört C'yi hatırlamanızı sağlayacaktır – Seçmek (Choosing), Adamak (Committing), İş Birliği Yapmak (Collaborating), Yaratmak (Creating). Her sabah önce kendimi seçiyorum. Her sabah buna söz veriyorum ve evren benimle iş birliği yaparak bunu benim için ve benimle birlikte yaratıyor ve ben de bunu kendim için yapıyorum. Sonra günün geri kalanında işime devam etmeye hazır oluyorum. Ben asla bir kurban değilim, her zaman bir yaratıcıyım ve bu muhteşem değişim bedenimle birlikte bilinçli bir yaratıcıyım.

2. Evren Kutusu

Her şeyi kendimiz "yapmak" zorunda değiliz ve bu alıştırma bize bunu hatırlatıyor. En azından sizi aşırı düşünme veya aşırı planlama modundan uzak tutabilir.

Mucizeler gerçekleşir ve evet, bazen sadece sormak yeterlidir. Neden evrenin sizinle iş birliği yapmasına izin vermiyorsunuz?

Bu 1° Değişim™ için, yaratmak istediğiniz ya da arzuladığınız şeyi yazın ve ardından kâğıdı Evren Kutunuza koyun. Ben bunu kaynayan bir kazan olarak düşünüyorum. Piştiğini ve sadece ara sıra karıştırılması gerektiğini düşünürüm. Arzu enerjimi orada olduğunu bilerek veriyorum ama her gün okumuyorum ya da ona dikkat etmiyorum. Ne zaman ortaya çıkacağını bilmiyorum ama çıkacağını biliyorum.

3. Diğer İnsanların Enerjilerini Bırakın Gitsin

Beş ila on beş dakika boyunca kendi kendinize oturun ve şu soruları kendinize sorun:

Hangi inançları terk etmeye hazırım?

Bedenimle ilgili hangi yargıların zamanı geçti?

Benim gerçeğim olmayan hangi kişiliğe dönüştüm?

Ardından, başkalarının enerjisini aldığınız ve onu dinlemediğiniz için bedeninizden özür dileyin. Bedeninize bir mektup yazın ve sonra onu yakın ya da sizi yargılamayacak bir arkadaşınıza okuyun. Ya da ormanda bir yürüyüşe çıkın ve avazınız çıktığı kadar bağırarak artık başkalarının bedeninizi ele geçirmesine izin vermeyeceğinizi söyleyin. Size nasıl iyi geliyorsa o şekilde salıverin gitsin. Sadece olduğunuz yerden ve şimdi başlayın. Kapıyı kapatın, yere bir kazık çakın ve "Hayır. Hayır diyeceğim" deyin.

4. Minnettarlığı Bulun

Minnettarlık nöbetlerini seviyorum. En sevdiğim yöntemlerden biri birine – eşinize, arkadaşınıza, hatta bir tanıdığınıza – minnettar olduğunuz üç şeyi söylemektir. Bu, günü sonlandırmak için harika bir yoldur ve özellikle eşiniz ya da partnerinizle birlikte sizi birbirinize ve daha geniş bir dünyaya bağlayabilir.

Bir başka ritüel de daha önce donup kaldığınız ya da bedeninizde bir şey tuttuğunuz ve şimdi özgür olduğunuz yerlerde yaptığınız seçimler için minnettar olmak ve bunları kabul etmektir. Ben buna bedenime nefes vererek ve ona teşekkür ederek, bana minnettar olduğum bir şeyin farkındalığını vermesine izin vererek başlıyorum. Tutma kalıbının, trajedinin, travmanın, sabotajın, sınırlamanın veya acının altında her zaman bir armağan olduğu için, bedeninize doğrudan da sorabilirsiniz:

Bunun en iyi yanı ne?

Bundaki hayır ne?

Bunu bu kadar değerli kılan ne?

Bu bana ne sağlıyor?

Bana ne öğretiyor?

Ne öğreniyorum?

Sonra bunun yapıldığını ve farklı bir seçim yaptığınızı kabul edin. Bedeninize farkındalık için teşekkür edin ve insanlara ve oyunculara bu dersteki rolleri için teşekkür edin. Artık dersin içinde olmanıza gerek yok. Deneyiminizi onurlandırın. Minnettar olun ve bir derecelik bir değişim yapın ve yolunuza devam edin.

5. Bedeniniz Konuşabilseydi Günlük Tutmak

Çoğu günlük tutma şeklinde, her şey sizinle ilgilidir. Ama bu ritüelde bu bedeninizle ilgili, o yüzden bırakın bedeniniz konuşsun. Bedeniniz ne derdi? Öğrenmek istediğiniz şey bu. Bedeninizin bakış açısından yazarak, "Bedenimden nefret ediyorum" yerine, "Bedenim [boşluğu doldurun]'dan nefret ediyor" diye yazabilirsiniz. Başlamak için, "Eğer bedenim konuşabilseydi, şöyle derdi..." *diye* yazarak başlamanın faydalı olduğunu düşünüyorum.

Eğer bedenim konuşabilseydi, şöyle derdi.

Beni yemekle doldurduğun için sana kızgınım.

Bana yeterince su vermediğin için sana kızgınım.

Sana kötü davranan o kişiyle seviştiğin için sana kızgınım.

Bu kişinin yanında kendimi iyi hissetmediğimi söylediğim hâlde o ilişkiyi devam ettirdiğin için sana kızgınım.

6. Enerjiyi Taşıyın

Kötü bir ruh hâlinde olduğumda ve zihnimde şüpheler döndüğünde, bedenimin daha ağır, yoğun ve şişkin hissettiğini fark ediyorum. Eğer bir fikrim varsa ve onu ortaya koymazsam, bedenim şişiyor. Öte yandan, bu konuda bir şeyler yaparsam, bedenim daha ince ve daha az şişkin görünüyor. Yağ bize karşı kullanılan enerji. Sınırlamalarımızı depoluyor ve bedende yoğunluk ve ağırlık yaratıyor, bu da zihnimizi bedenimize karşı dolduruyor. Dolayısıyla, neler olup bittiğine dair neredeyse her türlü sorgulama ritüeli enerjinizi değiştirecek olsa da bazen bedeniniz saf egzersize – fiziksel harekete – ihtiyaç duyar ve bunu ister. Bu, yürüyüş meditasyonundan yogaya veya güç antrenmanına kadar her şey olabilir. Buradaki odak noktası, enerjiyi içsel veya dışsal olarak nasıl hareket ettirirseniz ettirin, şimdiye gelmenin derin bir değişim yaratma gücüne sahip olduğunun farkına varmaktır. Bedeninizin ağırlığının da sıklıkla değişmesi bir yan faydadır.

Bedeninizin farkındalığına doğru ilerlerken, bir şeylerin değişmesini bekleyin. Arzu ettiğiniz şeylerin değişmesini bekleyin. Yediklerinizin değişmesini bekleyin. Kendinizi dahil ettiğiniz şeylerin değişmesini bekleyin. Her şeyin değişmesini bekleyin. Çünkü bütün mesele bu. Değişiyorsunuz. O zaman salıvermeye ve değişmeye karar verin ve değişim bedeninizin olmasına izin verin.

ALIŞTIRMALAR

Bu bölümün amaçlarından biri, kendi yaşamınıza ve kendi bedeninize entegre edebileceğiniz uygulamalar sunmaktır. İşte "alıştırma" olarak uygulayabileceğiniz önerilerin bir özeti:

1. Öz Yaratıcılık İstasyonu™ uygulamanızı hayata geçirin. Bu, ilham verici kartları veya kitap pasajlarını okumak ve ardından zihninizi temizlemek ve düşüncenize yeniden odaklanmak için günlük tutmak için günlük bir zaman olabilir.

2. Kendi Evren Kutunuzu yapın. Sizin için uygun olan ismi verebilirsiniz. Onu size çekici gelen bir şekilde süsleyebilirsiniz. Küçük kartlar yapın ve hayatınızda gerçekleşmesini istediğiniz şeyleri hayal ettikçe bunları kutuya atın. Bu yeni bir kariyer, bir ilişkiye başlamak,

hayatınızdaki bir kişiye karşı öfkenizi salıvermek olabilir ve liste sonsuzdur. Evren Kutusu, isteklerinizi evrenle paylaşmak için özel kanalınızdır.

3. Bedeninizdeki başkalarının sorunlarını veya negatif enerjisini üstlendiğinizi işaret eden duyguları tanımlayın. Bu duyguları ayırt etmeyi öğrenin ve kendinizi onlardan uzaklaştırmak için bir süreç oluşturun. Bedeniniz gerilirse ve rastgele ağrılar ve sızılar ortaya çıkarsa, uygulamanız sessiz bir yere gitmeyi, gözlerinizi kapatmayı ve kendinize onların sorunlarını üstlenmek zorunda olmadığınızı hatırlatmak için bir ifadeyi veya mantrayı tekrarlamayı içerebilir. Derin nefes almak ve esnemek de ritüelinizin bir parçası olabilir ve güçlü nefes verişinizde negatif enerjinin bedeninizden çıktığını hayal edebilirsiniz.

4. Günlük minnettarlığı benimseyin. Bir hafta boyunca iki sayfadan oluşan bir takvim, her gün minnettar olduğunuz en az üç şeyi yazmak için harika bir yol olabilir. Bir takvim kullanmak, bu süreci her gün tamamlamayı takip etmenize yardımcı olacak, ayrıca geriye dönüp geçmiş minnettarlıklarınızı yeniden okumayı yararlı bulacaksınız.

5. "Eğer bedenim konuşabilseydi, şöyle derdi..." ifadesini kullanarak günlük tutun. Bu tür bir

günlük tutma, bedeninizin size göndermeyeçalıştığı mesajları görmezden gelmek yerine hissettikleriyle yeniden bağlantı kurmanıza yardımcı olacaktır.

6. Enerjiyi salıvermek için bir fiziksel hareket pratiği oluşturun. Bu dışarıda bir yürüyüş, oturma odanızda dans etmek ya da bir yastığı yumruklamak olabilir. Bedeninizde biriken olumsuzluklardan kurtulmak için her gün kendinize izin verin.

7. Bu üç ifadeyi günde birkaç kez yüksek sesle söyleyin:

8. "Aferin sana! Harika iş çıkardın, Bedenim!"

9. "İkiniz de harikasınız!"

10. "Şimdi ikiniz de GİDİN VE HARİKA OLUN!"

BÖLÜM 6: İYİLEŞMENİN ANAHTARI

Yeni Düşünce liderlerinden ve Din Biliminin kurucularından Ernest Holmes, klasik eseri *The Science of Mind'da* "iyileşmenin kök tanımının 'önemsemek' olduğunu" yazmıştır. "Herhangi bir hücre hayatta olduğu sürece, yani bir insan hayatta olduğu sürece, bedenin hücreleri önemsenmeye yanıt verir." Bu kadar basit bir kavram, ancak her nasılsa "tedavi" kelimesinden kaçınan bir toplum hâline geldik. Oysa "önemsenme" kavramının ne anlama geldiğini daha iyi anlayıp kendimize uygulayabilseydik, şifa gerçeğine çok daha yakın olurduk.

Masamın yanında bir bitki var. Hayatta tutmayı başardığım tek bitki. AA'ya katıldığım ilk yıl, bir bitki al ve onu canlı tutup tutamayacağını gör, sonra bir yavru köpek al, sonra bir ilişki kur dediler. Trendi görüyor musunuz? Neden mi? Çünkü kendinizle nasıl birlikte olacağınızı öğreniyorsunuz. Çözüm, uyuşturucu, alkol ya da her neyse, bunlar olmadan ilk kez kendinizle nasıl birlikte olacağınızı öğreniyorsunuz. Bitkiyle ilişki kurarak başlıyorsunuz. Onu önemsemelisiniz. Onu sulamalısınız. Onu budamalısınız. Ölü yapraklarını kesmelisiniz. Kendinizi uyuşturmak için alkol, uyuşturucu ya da başka bir şey kullandığınızda, hiçbir şeyi önemsemiyorsunuz demektir. Tamamen başka bir dünyadasınızdır. Ve kriz üstüne kriz yaşayarak, sürekli yangın söndürerek çok fazla benmerkezci ve narsist oluyorsunuz.

Bitkimle ilgilenirken, bitkilerle konuşulduğunda daha uzun yaşadıklarına dair bilimsel araştırmalar olduğunu öğrendim. Ben de *neden bedenimle konuşmayayım* diye düşündüm. Böylece onunla konuşmaya başladım. Evdeyken müziği kapatıp sadece kendimle oluyordum ya da arabamla işe giderken bedenim yanımdaki koltuktaymış gibi davranıyor ve "Nasılsın?" diye soruyordum. Bunun etkisi çok derin oldu. Bu basit ama doğrudan soru, beni bedenimden ayrı ve dostça olmayan bir hâle getiren dünyamı parçalamaya başladı.

KENDİMİZLE ARKADAŞ OLMAK

Değişimin bedeni gerçekten de kendinizi sevmenizin, kendinize iyi bir arkadaş olmanızın, kendinizi "Şuna [sertifikaya, eğitime, paraya, başarıya, takdire ya da bu gruba aitseniz, boşluğu doldurun] sahipsen, bu senin iyi olduğunuz ve değerli olduğun anlamına gelir" diyen diğer tüm psişik enerjik gerçekliklerden uzaklaştırmanızın enerjisidir. Arka planda hâla çalışan bir programınız varsa ve kendinize değer vermiyorsanız ya da herhangi bir şeyi hak ettiğinize ve buna layık olduğunuza inanmıyorsanız, ne tür değişiklikler yaptığınızın bir önemi yoktur. Bu programlar değişene kadar, farkında olsanız da olmasanız da bu değersizliğin enerjisi sizsiniz. Bu, bedeninizde "Ben hak etmiyorum" diyen fiziksel bir yapıya sahip olmak gibidir. Ve tüm ilişkilerinizde size yansıyacak olan da tam olarak budur. Ve bu temel gerçekliği hiçbir şey değiştiremez — kendinizle ilgili bu temel inancı değiştirmezseniz, hiç kimsenin söylediği ya da yaptığı hiçbir *şey, hiçbir eğitim, öğretim ya da* lisans sertifikası, hiçbir para, hiçbir *şey değişmeyecektir.*

Öyle ya da böyle, kendinize belli bir saygı ve özen göstermeniz gereken bir noktaya ulaşırsınız. Kendinizi nasıl gördüğünüz, dünyayla nasıl yüzleşeceğinizi ve dünyanın size nasıl tepki vereceğini belirler. Pek çok ruhani metinde, kendinizi sevdiğiniz gibi başkalarını da sevmeniz öğütlenir. Peki siz olduğunuz şeyi ne kadar seviyorsunuz? Benden üç yıl önce ayık kalmayı seçen kuzenim Johnnie'nin bana (bunu kalın bir New Jersey, Tony Soprano sesiyle söylediğini hayal edin) "Lisa, ne yaparsan yap, sadece kendinle iyi arkadaş ol. Hepsi bu." O zamanlar bunun ne anlama geldiğini bile bilmiyordum. Nasıl yapacağıma dair hiçbir fikrim yoktu, bu yüzden yaptığım her şey hakkında kendime bu tür sorular sorarak başladım:

1. *Bu, kendimle iyi bir arkadaş olmak mı?*
2. *Bunu yersem, kendimle iyi arkadaş olur muyum?*
3. *Spor salonuna gitmezsem, kendimle iyi arkadaş olur muyum?*
4. *Bu kişiyle takılırsam, kendimle iyi arkadaş olur muyum?*
5. *Bu kişiyle çıkarsam, kendimle iyi bir arkadaş olur muyum?*
6. *Bir yavru köpek alırsam, kendimle iyi arkadaş olur muyum?*
7. *Bir bitki alırsam, kendimle iyi arkadaş olur muyum?*

8. *Gerçekten bunu yapmaya devam etmek istiyor muyum? Bu kendimle iyi arkadaş olmak mı?*

"Bunu çok seviyorum, ah, bunu da çok seviyorum" diye düşünmek bizim için çok kolaydır. Ama kendimize kendimizi sevip sevmediğimizi sormak? Bu daha zordur. Benim bir referans noktam yoktu. Değerimi belirlemek için başkalarının bana bakışına bağımlıydım. Kendinizi bu şekilde an be an sorgulamak, onu önünüze koymanıza yardımcı olur, böylece onu daha net görebilirsiniz. Değer verdiğiniz bir perspektiften bakabilirsiniz. Kendinizi sevmeye değer veriyorsanız, kendinizi hiç sevmemiş olsanız bile, yeni bir seçim yapabilir ve bunun bir şeyleri değiştireceğini bilirsiniz.

Başlangıçta, yaptığınız veya düşündüğünüz her şey hakkında, en sıradan düzeyde bile sürekli sorular sormak iyi bir fikirdir. Örneğin, ben yemek yapmam. Mutfağa girip kendim için bir şeyler yapmak bana göre değil. Yemek yapmayı seven insanların bedenimin sevdiği yemekleri benim için önceden hazırlamasını seviyorum, böylece buzdolabında beni bekliyor. Tek yapmak istediğim onu ısıtmak. Geçmişte dikkat etmiyordum ve ne varsa onu yiyordum. Bedenimin beni desteklemek ve ayakta tutmak için ihtiyaç duyduğu şeyleri vermek için kendime yeterince özen göstermiyordum. Yemek yediğim zamanlar rastgeleydi ve kısa süre sonra kendimi abur cubur yerken ve bunların hiçbirini takip etmezken buluyordum.

Başarılar elde etmeye başladığınızda, ne istediğiniz konusunda daha net olacaksınız. Kendiniz için iyi bir arkadaş olmanın ne olduğunu ve ne olmadığını bilmeye başlayacaksınız. Bir süre önce, çok eğlenceli bir kişisel asistanım/kişisel aşçım vardı, ama aynı zamanda içki içiyordu ve bazı şeyleri unutuyordu. Bir şeyleri unuttuğunda mantıksız davranırdı. Kafamda şöyle düşünürdüm: *Bu davranışı biliyorum. Neden kaynaklandığını biliyorum. Bu kişiyi gerçekten seviyorum. Birlikte çok eğleniyoruz ve yemeklerine bayılıyorum.* Bu yüzden benim için gerçekten dayanılmaz hâle gelene kadar onu bir süre daha tuttum. Kendime iyi bir arkadaş olmadığımı fark ettim.

Değişikliği yaptım ve gitmesine izin verdim. Daha sonra bile, "birini bulana kadar sadece bir ya da iki aylığına" onu geri getirmeyi düşündüm. Ama "Kendine iyi bir arkadaş oluyor musun?" diye sorduğumda Bedenimdeki enerjiyi hissederdim ve bu enerji "Hayır, sakın geri dönme" der gibiydi. Soru bedenimdeki farkındalığa taşındı ve bedenim bana ne yapmam gerektiğini bildirdi. Elbette zihnim "Tanrım, onu özlüyorum" diye karşı çıkıyordu, ben de "İyi görünüyor ama hayır, nasıl biteceğini biliyorsun, ne olacağını biliyorsun" diyordum. Bunu yapmayın. Sadece devam edin ve 1º Değişim™ gerçekleştirin! *Nasıl olacağını bilmiyorum... Olacağını biliyorum. Evren, göster bana.*

Kendimi Sevmeye Başladığımda

Kendimi gerçekten sevmeye başladığımda,: Anladım ki,

Duygusal acılar ve keder, bir uyarıydı bana,

Kendi gerçeğime karşı yaşadığımı anımsatan.

Biliyorum, bugün buna "özgün olmak" diyorlar.

Kendimi gerçekten sevmeye başladığımda,: Zamanı gelmediğini,

Ve o kişinin hazır olmadığını bildiğin hâlde onu,

İsteğimizi yapmaya zorlamanın,

O insan kendim de olsam,

Ne kadar utanç verici olduğu anladım: Bugün buna, "kendine saygı duymak" dendiğini biliyorum.

Kendimi gerçekten sevmeye başladığımda,

Başkalarının hayatına özenmekten vazgeçtim,

Ve önüme çıkan zorlukların,

Olgunlaşmam için aşmam gereken engeller olduğunu fark edebildim.

Günümüzde buna, "bilgelik" dendiğini biliyorum: Kendimi gerçekten sevmeye başladığımda,

Her zaman, her fırsatta,

Doğru zamanda, doğru yerde bulunduğumu anladım.

O andan itibaren de huzura erdim.

Bugün buna, "varoluşa saygı" dendiğini biliyorum: Kendimi gerçekten sevmeye başladığımda,

Kendime ayırmam gereken zamanı başka şeyler harcamaktan,

Geleceğe ilişkin büyük projeler yapmaktan vazgeçtim.

Bugün artık yalnızca bana keyif ve mutluluk veren,

Sevdiğim ve hoşuma giden işleri,: Kendime özgü yol, yordam ve tempoyla yapıyorum.

Günümüzde buna, "kendine karşı dürüstlük" dendiğini biliyorum.

Kendimi gerçekten sevmeye başladığımda,

Sağlıklı olmayan her şeyden kurtardım kendimi: Yemeklerden, insanlardan, nesnelerden, durumlardan,

Hepsinden önce de beni benden koparıp diplere çeken şeylerden.

Başlangıçta buna "sağlıklı bencillik" diyordum,

Bugün biliyorum ki, bu "kendini sevmek"tir: Kendimi gerçekten sevmeye başladığımda,

Vazgeçtim,

Her zaman kendi haklılığıma inanmaktan,

Daha az yanılmaya başladım böylece.

Bugün anladım buna "sade olmak" dendiğini.

Kendimi gerçekten sevmeye başladığımda,: Düşüncelerimin beni zavallı ve hasta edebileceğini fark ettim,

Buna karşın yüreğimin gücünü yardıma çağırdığımda,

Aklım değerli bir ortak kazandı.

Bu ilişkiye bugün "yürek bilgeliği" diyorum.

Kendimizle ya da başkalarıyla tartışmaktan,: Çatışmaktan ve sorun yaşamaktan korkmamalıyız,

Anlamanız gereken en önemli şey, kendinize en derin dönüşün kendinizle ve başkalarıyla olan ilişkinizi iyileştirmek yoluyla gerçekleştiğidir. Bunu yapmak için, daha sonra "neyin benim olduğunu" ve "neyin onların olduğunu" – sizin için neyin içsel neyin dışsal olduğunu – belirleyecek ayrım gücünü geliştirmeniz gerekir. Annemle olan ilişkimi çözmem ve kendimin bu parçasını geri kazanmam epey zamanımı aldı. Çocukken ondan aldığım tek dokunuş dayak ve sözlü saldırılardı. Ve nefreti, yapay sevgisi.

Ama çocuklar neye ihtiyaçları varsa onun peşinden giderler. Ve benim hayatta kalmam, "zavallı Lisa" olarak, her şeyi yanlış yaparak ve sınıftan atılarak annemin sevgisine sahip olmama dayanıyordu. Biraz ilgi çekmek için ona istediğini verirdim ve aldığım ilgi bir tokat, bir vuruş, bir dayaktı. Bana verebildiği tek şey buydu. O şartlar altında oldukça zeki bir çocuktum. O zamanlar böyle yapmak zorundaydım.

Kendime duyduğum şefkat en güçlü iyileştirici.

— THEODORE ISAAC RUBİN

Öz–şefkat bir çeşit öz–sevgidir. Ne tür değişiklikler yaparsanız yapın ya da ne kadar ipucu, püf noktası ya da beceriye –hatta benim durumumda psikolojik becerilere– sahip olursanız olun, bu kendinizi sevdiğiniz anlamına gelmez. Yine de günün sonunda belirleyici olan şey budur. Eğer arka planda kendinizi sevmeme ya da kendinize değer vermeme programınız, kasetiniz varsa, hayat size bir mücadele gibi gelecektir. Farkında bile olmadan bunun enerjisi hâline gelirsiniz. Ve bu, bedeniniz denen fiziksel yapıya dönüşür.

İlk başta, kendinize "Bunu yaparsam kendime iyi bir arkadaş olur muyum?" sorusunu sormak hatırlamak için çaba gerektirir çünkü beyninizde herhangi bir sinirsel iz oluşmamıştır. Ya da kendinizi rahatsız veya garip hissedebilirsiniz. Ama sonunda alışkanlık devreye girer ve başarılar elde etmeye başlarsınız. Ne istediğinizi ve neyin iyi bir arkadaş olduğunu bilmeye başlayacaksınız. Soru bütünleşir ve bedeninizdeki farkındalığa taşınır. Bunu sormak ya da düşünmek zorunda bile kalmayacaksınız. Bu yeni fikir hayatınız hâline gelecektir.

Örneğin, bu çalışmayı yaparken, diyet yapmadan veya denemeden üzerimden büyük miktarda kilo aldım.

Benim için iyi olmayan yiyecekleri arzulamayı ya da istemeyi bıraktım. Alıştırma yapmak istedim. Bedeniniz size yol gösterecek ve artık farklı bir şey olduğunu söyleyecektir. Siz sadece ona dönüşün. Başlangıçta zordur çünkü hiç öğrenmediğiniz ve farkında olmadığınız şeyleri yeniden öğrenirsiniz. Ancak sizin için neyin iyi olduğunun farkına vardığınızda, sizi mutlu eden o arkadaş olduğunuzda ve sizin için seçim yaptığınızda, kendinize güvenmek için içinizde o gücü inşa etmeye başlayacaksınız.

Öz–sevginin gerçek doğanızın kalbinde yer aldığını bilerek yaşadığınızda, asla yalnız olmayacaksınız... ve bir daha asla yalnız kalmayacaksınız.

ALIŞTIRMA

1. Her sabah kendinize "Bugün kendime iyi bir arkadaş olmak için ne yapacağım?" diye sorarak başlayın.

2. Seçeneklerle karşılaştığınızda veya karar verirken bir belirsizlik hissettiğinizde, kendinize "Bunu yaparsam, kendime iyi bir arkadaş olur muyum?" diye sorun.

3. Kendinizle konuşurken kendinize şunu sorun: "İhtiyacı olan bir arkadaşımla böyle mi konuşurdum? "

BÖLÜM 7: YENİDEN BAĞLANMA VE BÜTÜNLÜK

Adımlarınızda bir baharla uyandığınızı, hayatta olmaktan mutlu olduğunuzu ve gün için başka nelerin mümkün olduğunu görmeye hazır olduğunuzu hayal edin. Başından sonuna kadar, gününüz arzularınıza dayalı seçimlerle dolu. Ve bu arzulardan yola çıkarak her şey mümkündür çünkü siz olasılığı somutlaştırırsınız. Üretken ve yaratıcı bir mıknatıssınız. İnsanlar etrafınızda olmayı seviyor. Sadece kendiniz olarak etrafınızdaki her şeyin enerjisini değiştirirsiniz. İlişkileriniz birlikteliğe, uyuma dayanır. Eğlenceli, rahat, neşeli ve karşılıklıdırlar. Bedeniniz sağlıklı ve canlıdır. Enerjiniz yüksektir. Kendinizle ilgili özel bir ışıltınız var. İşiniz hızla büyüyor ve birlikte çalıştığınız kişiler yarattığınız her şeye gülüyor ve sizinle birlikte katılıyor. Hayat neşeli bir maceradır. Kahkaha ve hafiflik bedeninizi sarıyor. Kendinizle böyle bir ittifak hissettiğiniz için şaşırıyorsunuz. İnsanlar sizi değiştirmek için ne yaptığınızı soruyor ve siz de şöyle yanıtlıyorsunuz: "Kendimi seçtim. Kendimi kendime adadım. Evrenle iş birliği yaptım ve onun yanıt vermesine izin verdim ve mümkün olduğunu bildiğim şeyi yarattım."

Bu, sizin seçmenizi bekleyen yaşamı tanımlar. Ve tüm olumsuzluklarınız ve acılarınız, trajedileriniz ve travmalarınız, tüm ıstıraplarınız aslında kim olduğunuzun farkındalığıyla bağlantı kurma olasılıklarınızdır. Gerçekliğinizi keşfedebildiğinizde ve bu gerçekliği destekleyen altta yatan inançları bıraktığınızda, arzu ettiğiniz her şeye doğru ilerlemenin yeni yollarıyla yepyeni bir dünya açılır. Birdenbire, asla bir çözümü olmayan şeylerin sonsuz çözümleri olur. Sizi her zaman rahatsız eden şey ortadan kalkar. Bu geri gelmeyeceği anlamına gelmez, ama aynı şekilde geri gelmeyecektir. Ve siz ve bedeniniz değişmek ve 1°

Değişim™'inize tamamen bağlanmak için seçicilersiniz.

Şu anda sizi delirten her ne ise, geçmişte verdiğiniz bir kararla ilgilidir. Sadece siz sizi "delilikten kurtarabilirsiniz". Kilidi açmanın anahtarı sizsiniz, böylece hayatınıza devam edebilir, adımlarınızdaki o baharla radikal bir şekilde yaşayabilirsiniz. Ve bu, bedeninize ve farkındalığınıza girmekle başlar. Kendinizi bilinçsiz benliğin kafesinden, bilinçsiz inançlardan özgürleştirdiğinizde, hastalık bedeninizi terk eder. Bedeninizdeki tüm hücreler daha sağlıklı hâle gelir. Derin değişim bedeninizi yapısal olarak, hatta kemiklerinizi bile değiştirebilir – çünkü hücresel iskelet yapınızı sarmış olan kendinizle ilgili her yargı düşünceniz yok olur. Düşündüğünüz şey bedeninizi oluşturur.

Siz bir değişim bedenisiniz. Bedeniniz sınırsız yaşam olanağı sunan bir armağandır. Her gün siz ve bedeniniz değişebilirsiniz ve bu değişimi ortaya çıkarmak için tek bir seçim yeterlidir: 1° Değişim™ – bedeninizle birlik içinde olmak ve sohbet etmek. Bir varlık, eşsiz bir ruhsal imzaya sahip bir ruh izi olarak parlaklığınızı kabul etmenin zamanı geldi ve bedeninizden bunun parlaklığını ve güzelliğini yaratmasını ve eşleştirmesini isteyebilirsiniz.

İnsan ruhunun sıfır sınırı vardır. Büyüklüğün tek sınırı kendinize hayır demek.

— JAMES LAWRENCE, "DEMİR KOVBOY"

Özgürlük inançlarınızın bir fonksiyonudur. Sizi yerinizde tutan inançları keşfettiğiniz an, bu sizi anında özgürleştirecektir – ancak gerçeğe ulaşmak seçim yapmayı, taahhütte bulunmayı, işbirliği yapmayı ve yaratmayı gerektirir. Ve başlangıçta nasıl yapacağınızı bilmek zorunda değilsiniz. *Nasıl olacağını bilmiyorum... Olacağını biliyorum.* Siz ilerledikçe ortaya çıkacak yola güvenin. Bırakmanın içinde salıverme vardır – buna *eğlence* ve beden olma macerası denir.

Kendinize güvendiğiniz anda, nasıl yaşayacağınızı bileceksiniz.

— GOETHE

Bazen yapması en zor şey neşenizi benimsemektir. Her şeyin iyi olduğunu kabul etmektir. Başarılarınızı benimsemektir. Hiçbir sorunu benimsememektir.

Kendi ruhunuzun baskısının güzelliğini benimsemektir. Ne kadar çalışırsanız çalışın, kendiniz olarak yaşamayı öğrenmeniz gerekir. Koltuk değneği olmamalı, sadece siz – saf ve gerçek. Tuhaf hissedebilirsiniz. Kendinizi çıplak hissedebilirsiniz. Ama aynı zamanda iyi de hissedeceksiniz. Bazı arkadaşlarınız sizi sevecek, bazıları sevmeyecek. İnsanlar sizi terk edebilir ve bu sizin için daha faydalı olacak. Ruhunuzun baskısıyla daha uyumlu hâle geldikçe, dünyanız bunu size geri yansıtacak. İlk başta kendimizi ayrı olarak deneyimleriz ve bedenimizi ayrı görürüz, ancak aslında her şeye bağlıyız ve bedenimiz bunu ileriye taşır. Yargılarımızı salıverdikçe, her şey değişmeye başlar. Olayları net bir şekilde görmeye ve net bir şekilde hareket etmeye, farklı şekilde hissetmeye, farklı şekilde inanmaya başlarız.

Koşulsuz mevcudiyeti üretmemize gerek yoktur, çünkü o zaten oradadır, güneş gibi, meşgul zihnimizin bulutlarının arkasındadır ve bu saf farkındalık denizinde yüzmemize rağmen, sürekli olarak adadan adaya, düşünceden düşünceye umut eden, zemini olan bu farkındalığın üzerinden ve içinden atlayan ve orada hiç dinlenmeyen meşgul zihnimizin farkında olmamız gerekir.

— DR. JOHN WELWOOD

Varlığınız asla kırılamaz. Ruhumuzun baskısı ve radikal canlılık olasılığı her birimizin içinde, varlığımızın ta kendisindedir, ancak bunun için enerjimizi ve bilincimizi hizalamamız gerekir. Olasılığı kabul ediyoruz, ama aynı zamanda kolay kolay değişmediğimizi ve değişmememiz gerektiğini de anlıyoruz. Bu çalışma, hayal ettiğinizden daha yaratıcı olmanız için sizi tatmin etme ve enerji verme kapasitesine sahip. Şimdiki zamandan geçmişe uzanan ipliği bulup değiştirdiğinizde ve bu süreçte kendinizi uzun süredir devam eden bilinçdışı inançların tiranlığından kurtardığınızda, tüm benliğinizi mevcut ve bir bedene bürünmüş hâle getirirsiniz. Bedeninizdeki her enerji parçacığı özgürdür. İşte bu şekilde radikal canlılıkla yaşarız, sorundan olasılığa.

Bu sizin değişim bedeniniz. Her gün yüzlerce, binlerce, milyonlarca, milyarlarca ve daha fazla 1° Değişimin™ birikimi. Bu sizin hayatınızı, yaşamınızı, bedeninizi, içsel ve dışsal olarak uyumlu ve radikal bir şekilde canlı yaratıyor. Bedeniniz artık kolaylıkla bilmenize öncülük ediyor.

Şimdi, şunu uygulayın: (bunu ne kadar çok yaparsanız, bedeninizle bir olma hâliniz o kadar artacaktır)

Gözlerinizi kapatın

Elinizi timüs ve pubis kemiğinizin üzerine koyun

Ağzınızdan nefes alın, ayaklarınızı yerde, sırtınızı sandalyede ve ellerinizi bedeninizde hissedin

Ayaklarınızı yerde hissederek genişleyin ve bulunduğunuz odanın dört köşesine dokunun.

Bulunduğunuz şehrin dört köşesine genişleyin.

Bulunduğunuz eyaletin dört köşesine genişleyin.

Bulunduğunuz ülkenin dört köşesine genişleyin.

Sanki dünyanın dört köşesi varmış gibi, dünyanın dört bir köşesine genişleyin.

Varsa eğer, evrenin dört köşesine kadar genişleyin...

Bedeninize dönüp bakın

Üç molekülün öne çıkmasını isteyin ve bu moleküllerin kutuplarını bu kitabı okuyarak değiştirdiğiniz şeyle değiştirin. Tamamen enerjiye bağlı. Bırakın gitsin.

Şimdi üç molekülden daha öne çıkmalarını ve bilinçsiz olduğunuz şeyin "ağırlığını" salıvermelerini isteyin. Bu enerjiye bağlı. Bırakın aksın.

Şimdi üç molekülden daha kutupları değiştirmelerini isteyin ve bu molekülleri şu anda bulunduğunuz değişim bedenini yaratmak üzere dönüştürün. Bu enerjiye bağlı. Olmanıza izin verin.

Bedeninizin arzuladığı sıklıkta tekrarlayın.

Yüksek sesle söyleyin:

"Ben değiştim!"

"Değiştiğimi biliyorum!"

"Değiştiğimi biliyorum çünkü bedenim bir değişim BEDENİ."

"Teşekkür ederim, Bedenim."

"Teşekkür ederim, Evren."

"Teşekkür ederim, Kendim."

"Öyleyim, özgürüm."

Bugün bedeninize hiç kimse sevildiğini, beslendiğini, el üstünde tutulduğunu, onurlandırıldığını ve saygı duyulduğunu söylemediyse, *artık* söylendi!

Bugün kimse size *sizi sevdiğini* söylemediyse, ben söylüyorum!

Nasıl olacağını bilmiyorum... Sadece olacağını biliyorum.

Minnettarım ve tatminim!

Gidin ve hayallerinizi gerçekleştirin!

TEŞEKKÜR

Mi amor, her gün benimle paylaştığın ve bana sunduğun sevgi her şeyi mümkün kılıyor. Sana olan aşkım para siempre! Bedenlerimiz sevilmenin, tapılmanın, beslenmenin, el üstünde tutulmanın, onurlandırılmanın ve saygı görmenin senfonisiyle dans ediyor. Bana hediye ettiğin sevgi kelimelerin ötesinde ve aramızdaki bağ boyutlar, ömürler ve gerçeklikler arasında köprü vazifesi görüyor. Bu yolculukta seninle birlikte olmaktan onur duyuyorum. Sen, çocuklarımız ve ailem benim en değerli emanetlerimsiniz ve tüm bunların bir parçası olmanın mutluluğu ve sevinciyle dolup taşıyorum. Aşkın ve içten iyiliğin kalbimi, aklımı, ruhumu ve bedenimi aydınlattı. Tanrının ışığının seni bana getirdiği ve benim de eğilip EVET dediğim her gün için minnettarım. Hayatımın en iyi seçimiydi.

PART II
DEĞİŞİMİN BEDENİ: ÇALIŞMA KİTABI

GİRİŞ

Değişimin Bedeni Çalışma Kitabına hoş geldiniz! Bu rehber, dönüştürücü bir kendini keşfetme yolculuğunda size eşlik edecek. Her egzersiz, içsel benliğinizle olan bağlantınızı derinleştirmek, engelleri aşmanız için sizi güçlendirmek ve bütünlüğe giden benzersiz yolunuzu kucaklamak için özenle tasarlanmıştır. Her bölüme zaman ayırın, derinlemesine düşünün ve unutmayın: bu çalışma kitabı büyüme ve keşif için kişisel sığınağınızdır.

RUHUNUZUN İZİNİ KEŞFEDİN

ALIŞTIRMA: RUH YANSIMASI

Amaç: Kendinize özgü ruhani imzanızı tanımlayın ve ifade edin.

TALİMATLAR

Hazırlık:

Rahatsız edilmeyeceğiniz sakin bir alan bulun. Rahatça oturun, gözlerinizi kapatın ve nefesinize odaklanarak kendinizi topraklayın. Derin nefes alın, ardından her nefeste gerginliği serbest bırakarak tam nefes verin.

Meditasyon:

Sadece nefesinize odaklanarak meditasyonda 10 dakika geçirin. Düşünceler ortaya çıktıkça, dikkatinizi nazikçe nefesinize geri yönlendirin. Zihninizin, hayatınızda kendinizi canlı ve kendinizden daha büyük bir şeye bağlı hissettiğiniz anlarda dolaşmasına izin verin.

Düşünme:

Meditasyonunuzdan sonra gözlerinizi açın ve o anları düşünün. Sizde yankı uyandıran en az üç deneyimi yazın - derin neşe, huzur veya bağlantı zamanları.

Kendinizle Bağlantı Kurun:

Her bir deneyim için, bunun benlik duygunuz ve yaşam amacınızla nasıl ilişkili olduğunu keşfedin. Bu anlar gerçek doğanız ve taşıdığınız eşsiz ruhani imza hakkında neyi ortaya koyuyor?

Yansıma Alanı:

(Düşünceleriniz ve yansımalarınız buraya gider)

ENGELLERİN BELİRLENMESİ

EGZERSİZ YAPIN: ENGELLERİNİZİ GÜNLÜK HALİNE GETİRİN

Amaç: Yaratıcılığınızın önündeki dikkat dağıtıcı unsurları ve engelleri tanıyın.

TALİMATLAR:

Öz Değerlendirme:

Sizi neyin engelliyor olabileceğini düşünmek için bir dakikanızı ayırın. Hangi yinelenen düşünceler, inançlar veya dış faktörler ilerlemenizi veya yaratıcı ifadenizi engelliyor?

Engellerinizi Listeleyin:

Kendini yargılama veya başarısızlık korkusu gibi içsel zorluklardan zaman kısıtlamaları veya toplumsal beklentiler gibi dış baskılara kadar bu engellerin kapsamlı bir listesini oluşturun.

Etki Üzerine Düşünme:

Her bir engel için, hayatınızı nasıl etkilediğine dair kısa bir değerlendirme yazın. Günlük rutinlerinizde, karar alma süreçlerinizde ve ilişkilerinizde nasıl ortaya çıktığını düşünün.

Eylem Planı:

Bu hafta odaklanmak için bir engel seçin. Üstesinden gelmek veya etkisini azaltmak için belirli adımlar yazın; bu adımlar bir alışkanlığı değiştirmek, destek aramak veya zihniyetinizi yeniden şekillendirmek olabilir.

Takip Edin:

Haftanın sonunda, seçtiğiniz engeli tekrar gözden geçirin. Kaydettiğiniz ilerleme ve edindiğiniz içgörüler üzerine düşünün.

Yansıtma Alanı:

(Düşünceleriniz ve yansımalarınız buraya gider)

VÜCUDUNUZUN BİLGELİĞİ İLE ETKİLEŞİM

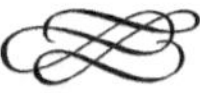

EGZERSİZ: BEDEN FARKINDALIĞI UYGULAMASI

Amaç: Vücudunuzun sinyallerine uyum sağlayın.

TALİMATLAR:

Günlük Uygulama:

Beden farkındalığı pratiği yapmak için her gün 5 dakika ayırın. Sabahları ya da yatmadan önce huzurlu bir zaman seçin.

Vücut Taraması:

Rahatça oturun, gözlerinizi kapatın ve vücudunuzu

yavaşça baştan ayağa tarayın. Yargılamadan hislere, gerginliğe veya rahatlama alanlarına çok dikkat edin.

Gözlem ve İçgörü:

Gerginlik veya rahatsızlık hissi veren alanları fark edin. Bu hisler duygusal veya zihinsel durumunuz hakkında neyi açığa çıkarabilir? Gözlemlerinizi günlük olarak kaydedin, kalıpları veya zaman içindeki değişiklikleri not edin.

Noktaları Birleştirmek:

Haftanın sonunda notlarınızı gözden geçirin. Vücudunuzun size ne ilettiğini düşünün. Bu hisler duygularınız, düşünceleriniz veya deneyimlerinizle nasıl ilişkilidir?

Yansıtma Alanı:

(Düşünceleriniz ve yansımalarınız buraya gider)

KOPUKLUĞU İYİLEŞTİRMEK

EGZERSİZ: THE ROAR® TEKNİĞİ

Amaç: Duygusal blokajları serbest bırakmak için Roar® tekniğini kullanın.

TALİMATLAR:

Kendi Alanınızı Bulun:

Kendinizi sınırlanmamış hissettiğiniz özel, güvenli bir alan belirleyin - yatak odanız, sessiz bir dış mekan veya rahatsız edilmeyeceğiniz herhangi bir yer.

Kendinizi Merkeze Alın:

Dik durun ve derin nefesler alın, kendinizi şimdiki

zamanda topraklayın. Ayaklarınızın yere bastığını ve vücudunuzun hizalandığını hissedin.

Kükreme:

Hazır olduğunuzda derin bir nefes alın ve yüksek sesle, güçlü bir "kükreme" çıkarın. Bu kükreme hayal kırıklığı, acı veya duygusal tıkanıklıklarınızın dışavurumudur. Tamamen ve çekincesiz olarak serbest bırakın.

Onaylama:

Kükremenizden sonra derin nefes alın. Bunun yerine kucaklamak istediğiniz şeyi onaylayın, örneğin "Gücümü kucaklıyorum" veya "Huzuru hayatıma kabul ediyorum" gibi.

Düşünme:

Bu egzersizin size nasıl hissettirdiği hakkında günlük tutun. Kükreme sırasında hangi duygular su yüzüne çıktı? Olumlama enerjinizi nasıl değiştirdi? Zihniyetinizdeki veya duygusal durumunuzdaki herhangi bir değişikliği yansıtın.

Gerektiğinde Tekrarlayın:

Bastırılmış duyguları serbest bırakmaya ihtiyaç duyduğunuzda bu egzersizi tekrarlayabilirsiniz.

Yansıma Alanı:

(Düşünceleriniz ve yansımalarınız buraya gider)

YENİDEN BAĞLANMA İÇİN GÜNLÜK UYGULAMALAR

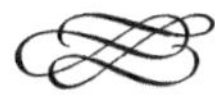

EGZERSİZ: DÖRT E VE DÖRT C

Amaç: Kendinizle yeniden bağlantı kurmak için günlük uygulamaları hayata geçirin.

TALİMATLAR:

Dört E:

Her gün odaklanmak için Dört E'den birini seçin:

Kucaklamak: Kendinizi olduğunuz gibi kabul etmek ve sevmek.

İncelemek: Düşüncelerinizi, duygularınızı ve davranışlarınızı yansıtmak.

Somutlaştırma: Değerlerinizi ve gerçeğinizi günlük eylemlerinizde yaşamak.

Genişlemek: Mevcut sınırlamalarınızın ötesine geçmek ve yeni olasılıkları keşfetmek.

Uygulama:

Gün boyunca, seçtiğiniz E'yi bilinçli olarak düşüncelerinize, eylemlerinize ve etkileşimlerinize uygulayın. Bunun seçimlerinizi ve kendinizle olan ilişkinizi nasıl etkilediğine dikkat edin.

Günlük Yansıma:

Her günün sonunda deneyimlerinizi yazın. Bu E'ye odaklanmak gününüzü nasıl etkiledi? Hangi içgörüler veya zorluklar ortaya çıktı?

Hafta Sonu Özeti:

Haftanın sonunda, düşüncelerinizi gözden geçirin. İçgörülerinizi özetleyin ve bakış açınızdaki veya davranışlarınızdaki değişimleri not edin. Bu uygulama kendinizle yeniden bağlantı kurmanıza nasıl yardımcı oldu?

Dört C (İsteğe Bağlı):

Bir genişleme olarak, Dört C'yi keşfedin: Netlik, Cesaret, Bağlılık ve Şefkat. Bunları günlük pratiğinize doğal ve gelişiminizi destekleyici bir şekilde entegre edin.

Yansıma Alanı:

(Düşünceleriniz ve yansımalarınız buraya gider)

KENDİNİZLE ARKADAŞ OLMAK

EGZERSİZ: ÖZ ŞEFKAT MEKTUBU

Amaç: Kendinizle sevgi dolu bir ilişki geliştirin.

TALİMATLAR

Ortamı Hazırlayın:

Rahatsız edilmeden yazabileceğiniz sessiz, rahat bir alan bulun. Bir mum yakın, yumuşak bir müzik çalın veya besleyici bir ortam yaratın.

Mektubu Yazmak:

Zor bir dönemden geçen sevgili bir arkadaşınıza hitap ediyormuş gibi kendinize bir mektup yazın. Cesaret-lendirici, anlayışlı ve şefkatli sözler söyleyin. Yaşadığınız zorlukları kabul edin ve mücadeleleriniz için empati duyduğunuzu ifade edin.

Olumlu Olumlamalar:

Mektubunuzda olumlamalara yer verin. Kendinize güçlü yönlerinizi, geçmiş başarılarınızı ve kaydettiğiniz ilerlemeyi hatırlatın. Yol zor olsa bile devam etmeniz için kendinizi cesaretlendirin.

Yüksek Sesle Okuma:

Bitirdiğinizde mektubu yüksek sesle okuyun. Size yöneltilen bu şefkatli sözleri duymanın nasıl hissettirdiğine dikkat edin.

Mektubu Saklamak:

Mektubu bir günlük ya da başucu masanız gibi erişilebilir bir yere koyun. Dayanıklılığınızı ve öz değerinizi hatırlatmaya ihtiyaç duyduğunuzda mektubu tekrar ziyaret edin.

Takip Edin:

Kendinizle şefkatli bir ilişkiyi güçlendirmek için zorlu zamanlarda periyodik olarak yeni mektuplar yazmayı düşünün.

Yansıma Alanı:

(Düşünceleriniz ve yansımalarınız buraya gider)

<h1 style="text-align:center">YENİDEN BAĞLANMA VE BÜTÜNLÜK</h1>

ALIŞTIRMA: BÜTÜNLÜK İÇİN GÖRSELLEŞTİRME

Amaç: Bütünlüğe giden yolunuzu görselleştirin.

TALİMATLAR:

Hazırlık:

Rahatça oturmak veya uzanmak için sessiz bir alan bulun. Gözlerinizi kapatın ve bedeninizi ve zihninizi rahatlatmak için derin nefesler alın.

Rehberli Görselleştirme:

1. Kendinizi bütün ve eksiksiz hissettiğiniz bir zamanı gözünüzde canlandırın. Bu,

hayatınızdaki belirli bir an veya genel bir dönem olabilir.

2. O zamanla ilişkili çevreyi, insanları ve duyguları gözünüzde canlandırın. Kendinizi bağlı ve tamamlanmış hissetmenizi sağlayan ayrıntılara odaklanın.

3. Şimdi, mevcut yaşamınızın aynı bütünlük ve bağlantı duygusuyla aşılandığını hayal edin. Kendinizle tamamen uyum içinde olduğunuzda günlük yaşamınızın nasıl göründüğünü gözünüzde canlandırın.

4. Bu varoluş halini görselleştirirken ortaya çıkan duyguları fark edin. Kendinize ve amacınıza bağlı olmak nasıl hissettiriyor?

Deneyimi Yazmak:

Görselleştirmenizden sonra, deneyiminizin ayrıntılarını yazın. Bütünlük sizin için neye benziyor? Bunu hayatınıza nasıl daha fazla davet edebilirsiniz?

Eylem Adımları:

Bu bütünlük hissine yaklaşmak için eyleme geçirilebilir adımlar belirleyin. Rutininizdeki küçük değişiklikleri, zihniyet değişimlerini veya daha derin kişisel gelişim çalışmalarını düşünün.

Sürekli Uygulama:

Bütünlükle bağlantınızı güçlendirmek ve bağlantınızın koptuğunu hissettiğinizde sizi gerçek benliğinize geri döndürmek için bu görselleştirmeyi düzenli olarak tekrarlayın.

Yansıma Alanı:

(Düşünceleriniz ve yansımalarınız buraya gider)

SONUÇ

Değişimin Bedeni Çalışma Kitabını tamamladığınız için tebrikler! Kendinizle olan bağınızı derinleştirme ve varlığınızın bütünlüğünü kucaklama yolunda önemli adımlar attınız. Unutmayın, bu yolculuk devam ediyor ve attığınız her adım sizi otantik benliğinize daha da yaklaştırıyor.

Bu egzersizleri tekrar gözden geçirmeye, edindiğiniz içgörüleri bütünleştirmeye ve kaydettiğiniz ilerlemeyi onurlandırmaya devam edin. Aradığınız değişime layıksınız. Cesaret, şefkat ve açık bir kalple ilerlemeye devam edin.

DR. LİSA COONEY, PHD, LMFT

Dr. Lisa Cooney, PhD, LMFT, ki isel dönü üm ve travma iyile mesinde öncüdür. Ruh terapisi, ya am koçlu u ve ruhsal dönü üm konular nda çok ba ar l d r. Devrim niteli- indeki Live Your ROAR® yönteminin yarat c s olarak, binlerce insan n hayat n dönü türerek çocukluk trav-malar n n üstesinden gelmelerine ve "Radikal Orgazmik Gerçekli i" (ROAR®) benimsemelerine yard mc oldu. Dr. Lisa'n n felsefesi "Anl yorum!...Ne olursa olsun!" üzerine kuruludur. ve kendi kaderini tayin etme, büyümeye ba 11 k, evrenle i birli i ve rüya gibi bir ya am yaratma ilkeleri.